ENVIADOS
CON LA MENTE DE CRISTO
Volumen 1

JACQUES CÉDESTIN

OBSIDIANA PRESS
www.obsidianapress.net

El ministro, Jacques Cedestin, fue escogido por el Espíritu Santo para ser vigilante y portador de luz como maestro de la palabra de Dios. Desde los siete años, el señor Cedestin, empezó a predicar la palabra de Dios y a participar en el ministerio de alabanza. Es también intercesor, adorador y saxofonista. Empezó sus estudios de teología a los 21 años y hoy es teólogo, escritor y director de alabanza del Ministerio Plan Divino, y asesor en el Ministerio de la Barca. Es escritor de libros y durante años sirve como asesor a otros escritores y pensadores.

A partir del año 2009, Dios empezó a usar a su humilde siervo en la consejería de parejas, siendo todavía soltero; y hoy es el fundador del ministerio "Marital Health Ministries". Está casado con su amada Jessica, quien también sirve a Dios.

ENVIADOS
CON LA MENTE DE CRISTO

Volumen 1

JACQUES CÉDESTIN

Obsidiana Press
www.obsidianapress.net

Las citas bíblicas son de la versión Reina – Valera de 1960; en caso de alguna otra versión, las citas se indicarán en el contenido.

Las frases entre los bordes son propias del autor.

Título original: **Enviados con la Mente de Cristo Vol.1**

Copyright © 2021 Jacques Cédestin
jcedestin@yaoo.fr

All rights reserved.

Todos los derechos reservados

Primera edición julio de 2021

Diseño de tapa: Abraham Samuel Louis

Diseño interior: Obsidiana Press

Esta publicación no podrá ser reproducida, grabada o transmitida de manera completa o parcial, en ningún formato o a través de ninguna forma electrónica, fotocopia, mecánico, cinta magnetofónica u otro medio, excepto como citas breves, sin el permiso previo de los autores.

Las definiciones de concordancia STRONG se derivan de la aplicación y diccionario electrónico e-Sword Copyright © 2017 Rick Meyers

De la serie

Los Lentes que Permiten Ver

ISBN 978-1-948114-29-5

Publicado por
Obsidiana Press
www.obsidianapress.net
www.edicionesobsidiana.com
www.edicionesobsidiana.com
www.oplibros.com

editores@obsidianapress.net
libros@edicionesobsidiana.com

***

La lectura diaria de las Escrituras, en dependencia del Espíritu Santo, es uno de los medios primordiales que Dios usa para la santificación progresiva. En este escrito de Jacques Cedestin, encontrarás herramientas apoyadas en la Escritura, para renovar tu manera de pensar y cumplir con la encomienda del evangelio de Jesucristo.

Richard Estévez Veras
Pastor de la Iglesia Ministerios Plan Divino

Este maravilloso libro de Jacques Cedestin es un manual bastante edificante. Aprendemos nuevos conocimientos y nos deshacemos de los tabúes e ideas erradas, y contiene una serie de temas importantísimos para los creyentes para alinear sus mentes a la de Cristo. Este libro ha sido de edificación para mi vida y seguro lo será para multitudes.

Aylin Calderón
Ma. Psicología Clínica y de la Salud

La renovación de nuestro entendimiento es una tarea personal básica y primordial del creyente para su desarrollo como alma salvada por la sangre de Cristo. Conocer la palabra de Dios nos ayuda a crecer hasta la altura de un varón perfecto. Considero este libro de Jacques Cedestin como una herramienta útil para conocer el orden establecido en la Biblia sobre la mente de Cristo.

Juan Francisco Hernández
Licenciado en Administración de Empresas
20 años en el sector bancario, Coach Financiera

Excelente libro, de lectura fluida, que atrapa al lector en un intenso interés por conocer cómo opera la mente de Cristo. Asimismo, nos ayuda a romper con aquellas falsas doctrinas que por mucho tiempo se nos ha enseñado para aprender el verdadero significado de las Escrituras. Este libro busca el crecimiento sano del cristiano con el fundamento en la palabra de Dios.

Ing. Ramón E Guzmán
Pastor Juvenil de Movimiento de Iglesias Buscando las Ovejas Pérdidas

Siempre he enseñado que, una cosa es hablar de Dios y otra es conocer realmente a Dios. Formar parte de una iglesia, pastorearla, ser un genuino líder o discípulo de Cristo, depende directamente de nuestra manera de pensar. Veo en este libro de mi amigo Jacques Cedestin un estudio profundo sobre la mente de Cristo. Cada capítulo es una confrontación y un tesoro para cambiar nuestra mentalidad.

Ernesto Zabala Jr.
Pastor juvenil del Ministerio Comunidad de la Barca,
La Vega República Dominica
Fundador de Shakers International

Enviados con la Mente de Cristo; un texto prestado para todo buen lector, conocedor de las Escrituras o no, que busca respuesta a la necesidad de reconstruir su manera de pensar, de comprender y de captar el color de los conceptos que las cosas por sí solas ofrecen en la ruta de la vida. El trabajo de concepción de este libro seguro estoy que significó un proceso de análisis interno que revolucionó el pensamiento del autor y por tanto su conducta.

El lector más exquisito en cualquier era intenta alimentar la estructura de su mente, mediante el consumo de piezas de literatura de alto valor en su contenido, pues creo que en un buen momento llega esta obra, la cual sin lugar a dudas viene a construir al proceso de cambio en la matriz de conducta de quienes se atrevan a intentar entender y comprender la visión de Dios para la humanidad y el proceso de comprensión del modelo que la mente divina diseñó, de ahí la importancia de entender el importe de ser enviado con la mente de Cristo.

Florentino Castellanos

Siervo de Dios

Leer **Enviados con la mente de Cristo** despierta pasiones, y abre el entendimiento más de lo que nos podamos imaginar, es por eso que no puedo dejar pasar por alto cómo Jacques Cedestin es usado por el Espíritu Santo para traernos revelaciones que desarmarán nuestras mentes para llevarnos a pensar como Cristo.

Por tanto: **Enviados con la mente de Cristo**, nos hace mirar más allá de lo que han dicho o escrito diferentes autores sobre estos temas, con una descripción real de como sería la manera correcta hasta de como servir la cena del señor, si es necesario congregarse o no, entre otras cosas interesantes plasmadas aquí.

Durante la lectura de este libro, usted sentirá cómo los argumentos sin fundamentos bíblicos antes practicados se esfumarán de su mente, para poder entrar a lo que es realmente lo que Cristo quiere para con usted y la iglesia.

Cedestin, sin ser pastor de una congregación, ni ser una persona de fama mundial, trata con delicadeza asuntos de orden cristiano para un mejor crecimiento espiritual, citando textos bíblicos con la integridad de su revelación para que nada quede en la imaginación ni en la mala interpretación, para así evitar la descalificación de los opositores de un verdadero cambio de mentalidad.

Pastor y Escritor Israel Valenzuela.

Iglesia Cristiana Ciudad del Rey

Santiago de los Caballeros Rep. Dom

Agradecimiento

A mi Señor Jesucristo que es la razón principal de mi escrito, porque todo es de *él* y para *él*.

Al pastor Jorge Davis por su gran apoyo

A Wanda Peralta y su esposo Luis por ser fuente de ayuda a la publicación de esa obra

A mi hermano Florentino por sus consejos

A la Familia Zabala por el apoyo moral en momento depresivo de mi vida

Sobre todo, a Jessica mi querida Esposa y compañera de por vida, cada día la amo más.

DEDICATORIA

Dedico este libro a Ms. Jacqueline y Betina Boliere:
Un día Dios nos unió y un día nos veremos cara a cara.

En Memoria del maestro
Genaro Estévez,
mi amado amigo.

Contenido

Introducción *15*

Capítulo 1
La Mente de Cristo y Significación *17*

Capítulo 2
7 Beneficios de la Mente de Cristo *27*

Capítulo 3
21 Principios de La Mente De Cristo *35*

Capítulo 4
Visión De Cristo Sobre Su Agencia *49*

Capítulo 5
Estructura y Funcionamiento de la Agencia Divina *59*

Capítulo 6
Las Reuniones de los Embajadores *87*

Capítulo 7
La mente patriarcal no es la mente de Cristo *111*

Capítulo 8
Relación divina con la Agencia

en el terreno adverso *127*

Capítulo 9
Comunicado del Rey por su Vestidura *135*

Capítulo 10
Mente de Cristo Sobre la Santa Cena *143*

Conclusión *155*

Introducción

A todos los que han pasado por la escuela o por la universidad, de algún modo, un personaje histórico lo ha marcado. Personalmente, filósofos del siglo 17 como del siglo 18 me inspiraron cuando estuve en la secundaria. Así que el mundo tiene guardado los legados de científicos, médicos, matemáticos, químicos, físicos etc. con mentes brillantes en sus bibliotecas, en los registros de "record mundial" que sirven para ser fuente de inspiraciones. Como eran geniales, si alguien desea estudiar una carrera en particular, tendrá que estudiar a algunas de esas mentes brillantes. De una manera u otra, el mundo quiere ver gente con la misma mente que Albert Einstein, Isaac Newton, Aristóteles, Platón, Simón Freud entre otros. Los grandes pasos de los desarrollos tecnológicos, de la ciencia moderna son de gente que ha estudiado y seguido la mente brillante de un veterano de la historia.

Al estudiar el tema de la mente, los expertos concluyen que cada persona tiene su propia mente y es imposible plagiar toda la mente de un personaje modelo histórico, sino que puede estudiarla y reproducir algunas cosas de su mente. Por desgracia, el mundo nunca podrá tener la esperanza de que alguien sea preñado con la misma mente de un predecesor histórico.

Sin embargo, lo que el mundo llama imposible es posible excepto de un solo caso; un solo personaje histórico afirmó que puede transferir a aquellos nacidos del Espíritu el contenido de su mente; es decir que tenga su mente. Es la cosa más estupenda que la ciencia médica podría escuchar; alguien con la tecnología o con el mecanismo adecuado para transferir su mente a millones de persona, donde cada persona tiene dos mentes en un solo cuerpo: la mente con la cual se desarrolla el individuo y la mente de Cristo.

Como millones tienen la mente de Cristo y no han sabido vivir con los datos de esa mente, la Iglesia se ve afectada en la visión y la misión, hasta en su propósito. Muchos no saben realmente por qué son y para qué son; también tienen dificultad para representar el personaje que les transfirió su mente, para que el mundo vea su luz. Por esa razón trataremos temas básicos sobre lo que somos y por qué somos, para qué somos, conforme a la misma mente de Cristo para que nuestro vivir sea alineado con esa mente.

Capítulo 1

La mente de Cristo y su significado

Pero el hombre natural no percibe las cosas que son del Espíritu de Dios, porque para él son locura; y no las puede entender, porque se han de examinar espiritualmente. Mas el espiritual juzga todas las cosas; y él de nadie es juzgado. Porque ¿quién conoció la mente del Señor, para que le instruyese? **Más nosotros tenemos la mente de Cristo.**

1 Corintio 2:14-16

¿Qué es la Mente?

Según una publicación revisada de 18 de mayo de 2008 por la enciclopedia de la filosofía de Stanford sobre el tema de *"La teoría de la identidad mental/ cerebral"*: http://plato.standford.edu/entries/mind-identity y aparecida en Wikipedia: entendemos que la mente es el conjunto de facultades cognitivas que engloban tres tipos de procesos: conscientes, inconscientes y los procedimentales. Esos procesos se refieren como a la percepción, el pensamiento, la conciencia, la memoria entre otros, basados en la experiencia personal y otras compartidas con otras formas de vida.

En dado caso, la mente es el centro de mando del ser humano. Al decir que tenemos la mente de Cristo, la Escritura está diciendo que el creyente tiene la experiencia personal de Cristo, su memoria, su percepción de las cosas espirituales, por medio del Espíritu Santo que vive dentro de nosotros (**Job 22:22, DHH, 1996**). Así que no es imposible vivir como Cristo porque tenemos sus pensamientos, su memoria, de forma consciente e inconsciente como para actuar igual que él.

¿Cómo Funciona la Mente de Cristo en Nosotros?

Los estudiantes en programación informática saben que, para elaborar un programa, se necesita conceptualizar conceptos y manipularlos por códigos para dar instrucciones. Una vez que las instrucciones cumplen funciones precisas, el programa se ejecuta con los parámetros registrados y no cambiarán hasta que el programador vuelva a manipular los códigos para nuevas funciones. Ninguna persona nació con la mente de Cristo, sino que fue adquirida por el nuevo nacimiento; esto significa que su mente primaria viene del mundo y sigue alimentada por las cosas del mundo. Por otro lado, la mente de Cristo debe estar conectada a la palabra de Dios para poder cumplir su voluntad.

La Escritura afirma que poseemos la mente de Cristo, para llevarnos a entender que un *nuevo programa* fue implementado en nuestro sistema mental, para controlar las formas antiguas de procesar los pensamientos (**Proverbios 6:18 DHH, 1996**), y reconceptualizar nuestras percepciones para ejecutar las nuevas funciones del programador Cristo. La complejidad del ser humano permite a las dos mentes operar al mismo tiempo, con la finalidad de pasar los pensamientos del viejo hombre a la obediencia del Cristo del nuevo hombre.

El creyente debe vivir de forma consciente sobre este fenómeno de su interior en todo tiempo, para que cada pensamiento cruce por el filtro de la nueva mente. La mente de Cristo tiene toda verdad, los registros de sus pensamientos para controlar nuestros dichos y acciones. Sin embargo, los datos son tan inmensos y profundos, que la Escritura nos recomienda renovar nuestra forma de pensar (**Romanos 12:2**); es una especie de actualización como el programa de un teléfono celular para mejorar su rendimiento, corregir imperfecciones dentro de nuestro sistema mental. Mientras más se renueva la mente del creyente, más llegará a conocer a Dios (**Colosenses 3:10**)

El mundo no deja de existir cuando conocemos a Cristo, al contrario, Cristo oró para que el Padre Dios nos dejara en el mundo con una protección; el Espíritu Santo es como un antivirus para detectar códigos maliciosos descargados por la vieja mente a través de: películas, músicas, noticias, imágenes de la calle etc., que estimulan nuestros pensamientos para cumplir la voluntad de la carne, que son los deseos y las pasiones depravadas de nuestra naturaleza.

Cada vez que el creyente lee la palabra de Dios y después medita, está actualizando los datos en su sistema para filtrar de forma natural los malos pensamientos. Es un verdadero campo de guerra, porque, por defecto, la mente del viejo hombre tiene instrucciones de: rebelión, falta de perdón, odio, avaricia, egoísmo, lujuria, deseos sexuales desenfrenados, ira, venganza, violencia; y lucha contra todo lo que trata de suprimirla. Es imposible destruir esos datos porque la mente del viejo hombre guarda los pecados (**Salmos 51:3 DHH, 1996**), con el fin de reproducirlos; pero los datos de la palabra de Dios ayudan a reconstruir funciones para poner en *cuarentena* esos parásitos momentáneamente que suben en la pantalla de nuestra mente.

¿Por qué la Mente de Cristo?

El cielo pertenece al Señor, y <u>al hombre le dio la tierra</u>.

Salmos 115:16

Hemos visto el poder de la mente del ser humano, si no fuera por la caída de nuestros primeros padres en el Edén, no habría necesidad de la mente divina para elaborar pensamientos y sembrar actos de justicia en el día de hoy.

En el diseño original del hombre, su creador lo creó como vaso o una casa para poder vivir en él. Muchos de los creyentes no saben todavía el gran valor de esto. Dios es espíritu y gobierna todo el universo espiritual y material, sin embargo, cuando creó al hombre, le dio dominio sobre la esfera terrenal, es decir, se quedó con la esfera espiritual (los cielos) y a los hombres les concedió una parte de la esfera materia (**Génesis 1:26-28**).

Según el plan original, el Creador dominará sobre

el hombre y el hombre sobre la materia, es decir: *Dios influencia la materia por medio del hombre.* Si observamos bien, el hombre es un intermediario entre Dios y la esfera terrenal; si Dios que es el dueño de todo quiere intervenir en los asuntos terrenales, como un Ser de palabra, necesita obligatoriamente la *"Colaboración"* del señor de la tierra (el hombre).

¿Qué busca Dios en la esfera terrenal? La palabra de Cristo reveló la intención de Dios cuando nos enseñó a orar:

Venga tu reino. Hágase tu voluntad, como en el cielo, así también en la tierra.

Mateo 6:10

Los señores de la tierra rompieron sus conexiones con el Dueño de todo (**Génesis 3; Romanos 3:23**). Desde la esfera espiritual, Dios se había limitado en la esfera terrenal dando el señorío al hombre, y el reino de Dios quiere volver sobre la tierra para cumplir su VOLUNTAD. Para no violar la ley del señorío del hombre, Dios se encarnó en cuerpo semejante de hombre y se sujetó bajo las normas terrenales para llevar a cabo el sueño celestial. Al hacerse hombre, le dio libertad y sin violar el convenio para interferir directamente en la esfera terrenal y cumplir su propósito, porque ningún ser humano era capaz de satisfacer la justicia de Dios: hombres en el Antiguo Testamento hicieron milagros, caminaron con Dios, eran sus amigos, pero no pudieron ser la piedra angular para la restauración de la casa espiritual de Dios en la tierra.

El verdadero problema del hombre, es que su mente caída no tiene la fuerza espiritual para cumplir la voluntad de Dios, aunque lo quiera; la ley del pecado arruinó poderosamente este campo, este centro único capaz de gobernar el hombre positivamente. Así que, Cristo, por medio del **Ministerio de la Reconciliación**, restauró el señorío de Dios sobre aquellos que se unieron con él. Y porque se unieron con él, tienen su mente para poder actuar bajo la influencia del Espíritu Santo de Dios.

De todo esto, podemos sacar una conclusión en la revelación de Cristo:

"Venga tu Reino", es la entrada de Cristo en la esfera terrenal; y, tú y yo, cuando nos comprometemos con Cristo a sujetarnos al señorío de Dios.

"Venga tu Reino" dice que hay que tener la capacidad de ver el Reino **(Juan 3:3)**. Si lo puedes ver, puedes entender la visión; si tienes la visión, su mente procederá exitosamente para la misión.

"Hágase tu Voluntad" en la tierra como en el cielo, es cuando nuestra mente caída se deja filtrar; y aplastar por la mente de Cristo para cumplir la justicia de Dios en la tierra.

"Hágase tu voluntad", es lo que va a confrontar su mente. Cuando las normas, reglas eclesiásticas chocan con la palabra, es decir que no están 100% alineadas con la voluntad de Dios, seguiremos actuando con nuestra voluntad y no con la de Dios. Por eso hoy, creemos que, si nos dejamos guiar por el Espíritu Santo, y nos adaptamos a la nueva actualización de nuestra mente, todas las reglas y normas que son lindas en la congregación de los santos, pero que chocan con la voluntad de Dios, deberán ser destruidas. Destruirlas no avergonzará a aquellos líderes que luchan por su reputación, sino que honrará al Señor y Rey que nos prometió elevarnos a la gloria.

El Viejo Sabor del Árbol del Bien y del Mal

Hemos tomado un tiempo para examinar los dos árboles más especiales del Edén, esos dos árboles, tenían tanto poder en la materia, como en lo espiritual, sobre la mente del hombre: el árbol de la Vida, tenía un poder infinito, hasta el antídoto de la muerte (**Génesis 3:22**), por eso una vez que el hombre ingirió el fruto del árbol del Bien y del Mal, inmediatamente le fue prohibido alcanzar el árbol de la Vida, para validar la ley de Dios (**Génesis 2:17**). Sin lugar a duda, el hombre podía comer del árbol de la Vida, como de todos los demás árboles, antes de su caída (**Génesis 2:16**).

Cuando el gobierno del hombre sea restaurado en la nueva tierra (Apocalipsis 21); "en la visión de Juan en Apocalipsis 22:2", vemos que aparece la presencia del árbol de la Vida. Creemos que el árbol de la Vida era vital para garantizar la eternidad de la materia, porque solamente la palabra de Dios es eterna, y se necesita obligatoriamente el eterno dentro de la materia para impedir su desgaste con el tiempo. Así que el árbol de la Vida mantenía la mente del hombre únicamente en la vida.

Con respecto al árbol del Bien y del Mal, tenía el poder de abrir la mente de forma consciente sobre lo que es bueno y lo que es malo, y darle poder para hacer lo que es malo. La interdicción de Dios mostró que, aunque lo bueno estaba en el árbol, ciertamente el lado malo iba a causar muerte en el hombre. De esta misma teoría queremos llamar la atención de ministros de Dios hoy.

Tomamos la libertad de presentar el árbol del Bien y del Mal como las caras de una moneda. Cuando el enemigo presentó el fruto del árbol, él no mintió, sino que usó la seducción para que se viera el lado bueno y ocultó el lado malo. Y la Escritura lo confirmó cuando dijo que Eva vio que el árbol era bueno para alcanzar inteligencia (**Génesis 3:6**), es decir que no vio la parte desagradable del árbol, por eso lo consumió.

Así vemos hoy a muchos hombres nacidos de nuevo en una situación similar, haciendo cosas, honrando tradiciones, siguiendo reglas y normas religiosas, pero nunca se detienen en analizar la parte desagradable. Sentimos que el enemigo está engañando a la congregación de los santos, dejándonos ver el lado bueno de muchas cosas en la forma de servir e ignorando lo desagradable que puede ser para el Reino de Dios. La lista de las cosas es bien larga, pero podemos resaltar algunas como: las normas para presentar a los niños, condiciones para orar por las personas, para casarse, para bautizar, la dieta espiritual y emocional de los santos, los métodos disciplinarios, el enfoque de la membresía de los santos etc.

Creemos que todo lo que se va hacer, debe ser filtrado por la mente de Cristo y no volver a seguir con el mismo patrón de los primeros padres, haciendo cosas buenas, pero desagradables para nuestro Rey.

Capítulo 2

7 beneficios de la mente de Cristo

Hemos llegado a la convicción que, tener la mente de Cristo, tiene todas las ventajas para vivir, influenciando la mente del hombre caído. Por medio del Espíritu Santo, la verdad nos ha cambiado, y sabemos quiénes somos y quienes no son de Dios. Podemos reflexionar sobre esto:

Mas vosotros no vivís según la carne, sino según el Espíritu, si es que el Espíritu de Dios mora en vosotros. ***Y si alguno no tiene el Espíritu de Cristo, no es de él.***

Romanos 8:9

Entendemos que el Espíritu Santo está trabajando en nuestra mente, para revelarnos las bondades de Dios y llevarnos a conocer los beneficios de la mente de Cristo como:

No.1 Convicción: En la oración en **Juan 17**, Jesús terminó la oración con una expresión clave (Vs.26): *"Y les he dado a conocer tu nombre, y lo daré a conocer aún, para que el amor con que me has amado, esté en ellos, y yo en ellos"*. Con esas palabras, Cristo reveló su propósito, su visión y su misión. Todos los seres humanos quieren ser de Dios, pero ningún ser humano tiene la capacidad para confirmárselo, asimismo, por eso solamente el Espíritu Santo puede confirmar a una persona si es de Dios; la Escritura dice que él confirma en nuestro espíritu que somos hijos de Dios (**Romanos 8:16**) por medio de la fe (**Gálatas 3:26**).

Es posible que una multitud empieza a hacer fiesta porque siente esa convicción en su interior, y como sabemos que el Diablo engaña a la humanidad, el otro punto que sigue es importante para meditar.

No.2 Dirección: Alguien que siente seguridad de tener el Espíritu de Cristo, es alguien que tiene el *"norte"*. La Escritura revela en **Romanos 8:14**: *"Porque todos los que son guiados por el Espíritu de Dios, éstos son hijos de Dios*. La palabra original griega "**Ago**" traducida por la palabra "**guiar**", se refiere a arrastrar de manera reflexiva a hacer algo. Como lo hemos visto, la mente del ser humano inicia con un proceso de pensamiento para cumplir un acto o una serie de actos; en otra palabra, la Escritura nos está diciendo que, tener la Mente de Cristo nos da instrucciones, y por eso sabemos que somos de él.

No.3 Intimidad: Los Hebreos consideran a Jehová como un Dios tan grande e inaccesible, aún para escribir su nombre había que purificar la boca varias veces. Sin embargo, la Escritura revela algo muy diferente y muy fuerte cuando el Espíritu de Cristo entra en la vida del creyente, bajo su influencia, nos hace decir: ¡Abba! ¡Padre! La palabra *"Abba"* es de origen caldeo, usada por un hijo mayor de edad, reconociendo su paternidad de forma respetuosa y cariñosa cuando están juntos en intimidad. Es una forma de llamar al padre con confianza, que un extraño, su siervo o un esclavo no se le ocurrirá decir. A los casados, sus parejas siempre tienen una palabra afectuosa y muy íntima para llamar al otro en intimidad y que solamente él o ella lo saben y nadie más está autorizado a llamarlos así.

Si observamos bien, fue esa misma palabra que llevó a la gente a odiar y buscar a matar a Cristo. Con esa palabra, el Espíritu Santo nos presenta como hijos con un derecho legal; nos identifica ante el trono como un considerado de lo más íntimo de la realeza, y como un ser igual a Dios (**Juan 5:18**).

No.4 Acceso Libre al Templo de Dios: Es posible que algún creyente vaya interpretar la palabra "templo" como el edificio donde se congrega, pero no lo es. Dios, por medio del templo de Jerusalén enseñaba que era prohibido a extraños e incircuncisos entrar: **Ezequiel 44:9**: *Por eso yo, el Señor, digo: <u>No entrará en mi templo</u> ningún extranjero que no <u>lleve en su mente y en su cuerpo la marca de mí alianza</u>; ni siquiera un extranjero que viva entre los israelitas.* La circuncisión era la señal del pacto mosaico, pero el sello del nuevo pacto en la sangre de Cristo es la Fe (**Romanos 4:9-12**). Por medio de nuestra Fe en Jesucristo, agradamos a Dios y entramos en su presencia confiadamente.

No.5 Vivir para Él: 1 Pedro 1:14: *"Como <u>hijos obedientes</u>, no vivan conforme a los deseos que tenían antes de conocer a Dios" (DHH, 1996).* Al tener la mente de Cristo, no podemos someternos a los deseos e impulsos carnales de nuestra naturaleza del viejo Adán, sino cumplir los deseos de nuestro Padre y amado Dios (**1 Juan 3:10**).

No.6 Visión del Futuro: Este punto le parece muy atractivo, sin embargo, no es algo que podemos manipular a voluntad en la mente. Nuestra mente natural tiene los datos del pasado y del presente, pero los segundos que vienen después, no sabemos qué sucederá con certeza. Con los datos que tenemos, podemos usar la ciencia de las probabilidades, aunque no hay nada seguro, pero buscamos seguridad con solamente saber. Sin embargo, el Espíritu Santo, está en contacto con los tres aspectos del tiempo; al llegar en nosotros, con la mente de Cristo, él puede revelar lo que va acontecer con exactitud en el campo donde obramos para el Reino. Esto es posible y tenemos varios casos bíblicos; resaltaremos unos tanto en el Antiguo Testamento como en el Nuevo Testamento, como Dios puede inyectar datos del futuro en la mente de un ser humano.

En **Daniel 2 (DHH, 1996)**, Dios inyectó pensamiento en la mente del rey Nabucodonosor sobre cosas que iban a suceder. El rey tenía los datos y no entendía nada, pero no quiso compartir los datos con nadie, porque los sabios y magos del reino pretendían que sus mentes estaban conectadas con los dioses. Como el rey veía en los datos de su mente algo sobrenatural, entendió que solamente una mente en contacto real con los dioses podría decirlo con exactitud lo que un dios amonestó su mente.

A la verdad, los sabios y los magos estaban en conexión con algunos dioses, pero ningún demonio y espíritu tiene el poder de revelar el futuro (**Isaías 41:22-23**). Fue el mismo Dios que influenció su mente, pero sin darle iluminación sobre lo que él le reveló. Así que Dios inyectó los mismos datos en la mente de su siervo Daniel; y su mente, por haber estado conectada con Dios en las oraciones, fue iluminada y pudo revelarle el misterio.

En **Hechos 11:27-30**, observamos a unos profetas venidos de Jerusalén: a uno de ellos, llamado Agabo, le fue revelado por el Espíritu Santo que habría una gran hambruna y eso permitió a la congregación de Antioquía enviar su ayuda a los hermanos que se congregaban en Judea por medio de Bernabé y de Saulo. Este mismo profeta (Agabo) fue a ver a Pablo, y bajo revelación del Espíritu Santo, dijo a Pablo lo que iba acontecer en su próximo viaje ministerial (**Hechos 21:10-11**). Lo que hemos notado en la visión del futuro que el Espíritu Santo puede revelar a un creyente, no siempre es para escapar de lo que va acontecer, sino también traer convicción. La gente rogaba a Pablo de no subir a Jerusalén porque el profeta reveló que sería entregado atado a los gentiles. En lugar de cambiar el rumbo, Pablo afirmó que no estaba solamente dispuesto a ser atado sino morir por la causa del Señor Jesús.

Recuerdo personalmente, durante 15 días antes de la muerte de mi madre, el Espíritu Santo me estaba avisando sin darme cuenta, tenía visiones de su muerte, me veía parado enfrente de su ataúd. Hubo noches en la cual me veía llorando en mis sueños por su muer-

te, otras que me traían las noticias. Como no estaba muy familiarizado con mi madre y sentía poco afecto maternal por ella, no presté mucha atención, pero me preocupaba un poco, estaba pensando como convivir con ella. Un día, en el trabajo, tuve una visión: me veía en una esquina de uno de los apartamentos en construcción, llorando amargamente y mi jefa se acercó para preguntarme qué había pasado conmigo, respondí en la visión que mi mamá había muerto. Desperté de la visión con un susto cuando mi celular sonó, y era mi pequeña hermana que tenía años sin saber de ella. Ella me dio la noticia y me quedé paralizado porque me advertía Dios y yo no estaba atento. Pero tenía mucha fuerza para enfrentar la situación porque mentalmente estaba preparado por el Espíritu Santo. La visión del Espíritu Santo me dio fortaleza y creo que él lo sigue haciendo en la vida de muchos para afirmar sus pasos en la obra de Dios.

Porque no hará nada Jehová el Señor, sin que revele su secreto a sus siervos los profetas.

Amós 3:7

No.7 Entendimiento Real del Mundo: Un enviado del Reino de Dios debe entender bien claro que TODO en esta vida es una ILUSIÓN, el gobierno del hombre ha caído y dejó de ser el señor de la tierra, sino esclavo del príncipe caído, a Satanás y por lo siguiente, todo el sistema de la humanidad, con todos sus placeres y deleites, está envenenado por la misma semilla del "árbol del Bien y del Mal".

La mente del viejo hombre está llena de afanes de la

vida. Hay tantas cosas que deseamos disfrutar, hay muchos placeres que deseamos experimentar, por esas razones nos preocupamos mucho para conseguirlas. Con esos deseos naturales que están dentro de nosotros, el Diablo nos pone las trampas. Ante los ojos de un creyente, el Diablo es el ser más horrible que existe, por tal razón, el enemigo no dará la cara para que no sepamos que es él que quiere atraparnos, sino usará las cosas que deseamos tener como **carnada** para que caigamos en sus trampas.

Considerando todo esto, con la mente de Cristo, no debemos dejarnos distraer por las cosas de la vida por más hermosas que parezcan ser. El rey Salomón, un hombre que había logrado tener toda la riqueza del mundo, poder y gloria, fama y sabiduría, mujeres y todos los placeres imaginables, llegó a decirnos: **Eclesiastés 11:10**: *Aleja de tu mente las preocupaciones y echa fuera de ti el sufrimiento, porque* ***aún los mejores días de la juventud son vana ilusión****.*

Salomón concuerda con la percepción de Cristo sobre las cosas de la vida. Cristo lo afirmó cuando dijo:

No os afanéis, pues, diciendo: ¿Qué comeremos, o qué beberemos, o qué vestiremos? Porque los gentiles buscan todas estas cosas; pero vuestro Padre celestial sabe que tenéis necesidad de todas estas cosas.

Mateo 6:31-32

Capítulo 3

21 principios de la mente de Cristo

Hemos recolectado algunas informaciones del Evangelio de los 4 autores: Mateo, Marcos, Lucas y Juan, en el perfil de ser *enviados*, también como lo fue para Cristo, para que nos ayude a entender por medio de los hechos, las palabras y los sentimientos profundos como modelo mental del Cristo enviado, a fin que seamos sus imitadores.

Elegir un Equipo Ministerial

Principio 1: *Elegir su grupo ministerial es edificante e impide la muerte a una visión y su propósito.*

Una de las primeras cosas que hizo Jesús para iniciar su ministerio fue elegir un equipo de trabajo. Jesús no eligió un equipo perfecto, cada miembro del equipo tenía sus defectos y uno del grupo era puramente del Diablo. De allí podemos decir que, dentro de un equipo ministerial, habrá mucha posibilidad que uno del grupo no comparta la visión, sin embargo, su lugar en el grupo puede ser clave para otra misión a beneficio del ministerio. Judas Iscariote traicionó a Jesús y lo llevó a una condenación de muerte, pero su misión, en lugar de destruir la visión, fue el paso clave para activar todo el proyecto de Dios. Cuando la obra es de Dios, TODO obrará para bien.

Principio 2: *El grupo es una forma efectiva y muy eficaz para reproducirse.*

Jesús, aunque autosuficiente, se limitó asimismo para dejarnos un modelo de trabajo. La estrategia más eficiente para desarrollar la visión es por medio de un grupo, por eso la Escritura dice: "Dos son mejor que uno, una cuerda de tres hilos no se rompe fácilmente (**Eclesiastés 4:9-12**)"; aunque tenía la unción perfecta, el poder, el conocimiento y toda la sabiduría sin límite, se juntó con otras personas comunes con el fin de reproducirse. El grupo no era homogéneo, algunos eran pescadores, otro contable, otros guerrilleros etc. Así que una misma mente puede alcanzar cualquier clase social para un mismo propósito, y resuelve el enigma de las barreras sociales. Por cierto, reproducirse por vía grupal es parte de la mente de Cristo.

A la hora de formar grupos, como líder, siempre debes recordar que no se trata de reproducir su visión o la visión de su ministerio en las personas sino la visión del Reino de Dios en las personas. Si el grupo forma parte de la misma empresa del Rey Cristo, entonces la santa visión de Cristo debe ser la misma en todo grupo.

Principio 3: *Reproducirse implica capacidad y estrategia para grabarse en el alma.*

De hecho, Cristo tenía momento para estar solo con

su grupo con enseñanzas particulares, enseñanzas en el terreno y momentos donde se encontraba el grupo a solas con él. Reproducirse en otro exige esos tres aspectos para que el grupo no fomente una clase de dependencia al fundador, esto es el cáncer de una visión.

Principio 4: *El grupo es siempre temporal, más el propósito y la visión no deben morir.*

Cristo no eligió un grupo con la intención de mantenerlo por siempre. Ni el fundador, ni tampoco el seguidor están llamados a caminar en la misma senda eternamente, un día cada quien irá por su camino. Pero cuando Cristo se aseguró de reproducirse en su grupo, rompió el grupo que fue un beneficio a su propósito y de la visión.

Principio 5: *El propósito y la visión creadores del grupo deben ser bien grabados en el alma, si no, al romper con el grupo para activar la reproducción; la desviación de propósito y visión engendrará nueva dominación, y aun, sectas.*

El mensaje que podemos sacar de este aspecto mental de Cristo, es que nunca trabaja solo, dejarse instruir por la semilla de la visión del Reino y multiplicarse. Alguien con capacidad de multiplicar la semilla en otro ya puede abandonar el grupo para formar un nuevo grupo. El término "grupo" puede ser una célula, una congregación entre otros.

Mente de Servicio

Principio 6: *Si el principio del fundador era dar, cualquiera que proyecte recibir, traicionará su mente.*

La mente del mundo brinda un servicio para recibir una ganancia a cambio, y sin la ganancia se cancelará el servicio; en este caso, el negocio es considerado fallido y fracasado. Sin embargo, la mente de Cristo exige servicio sin ganancia. Jesús hacía maravillas, milagros donde quiera, sin jamás recibir nada a cambio. El servicio de Jesús no apuntaba en conquista de seguidores tampoco, sino manifestar el amor de Aquel que lo envió. Es peligroso para aquellos que están orando o sanando en el nombre del Rey y con la mente de beneficiar ofrendas, regalos, famas por las redes sociales.

Principio 7: *Para la mente de Cristo, es el grande que sirve al pequeño; este indica que la humildad nunca debe separarse del servidor.*

Como la carne podrida llama a las moscas, así los necesitados, los quebrantados de corazones, los cautivos y enfermos llamaban la atención de Cristo. Si Jesús hubiera quedado en punto geográfico fijo, le hubiera sido más fácil de manejar a la gente, como el templo de Jerusalén. Los necesitados solamente tendrían que ir hacia él, y harían citas para poder verlos como los reyes hacían en su época. Pero rompió con esa mentalidad que hace pensar que es el necesitado que debe moverse siempre hacia el sanador; la Iglesia también debe moverse hacia las almas perdidas.

Si alguien o un líder usa a los demás para que les sirvan, entonces seguramente es el más pequeño y el más débil de todos los demás; y no es digno de ser líder.

Principio 8: *El motivo de servir nace de la compasión hacia la pasión y es natural en la mente del servidor.*

Antes de servir, la Escritura siempre hace énfasis en la compasión de Cristo hacia los necesitados. Todos de algún modo sirven y pueden servir, sin embargo, un servidor lo hace de forma natural. Con esto Cristo enseña a cada embajador el instinto de servir y ofrecerse. El servidor siempre busca qué servir cuando está con personas.

Principio 9: *Ningún servicio en si es vago y vacío, siempre impregnado con un mensaje de la causa del Reino.*

Jesús nos enseñó que los servicios no son para el vacío, ni andaba vagamente. Cuando es vago y vacío, el servicio apunta la mirada hacia el servidor y la causa dejará de ser el centro. Por eso, los embajadores del Reino sirven, pero jamás en sus nombres, sino en el nombre del Rey, y con un mensaje significativo para el alma del beneficiario.

El Enfoque del Enviado

Cristo tenía una fuerza de concentración en la visión que nunca desvió de su misión. Al analizar los hechos de Cristo, siempre estaba a la guardia.

Principio 10: *Un enviado tiene que estar constante-*

mente atento a su misión a donde sea y en cualquier cosa.

Todo lo que habló e hizo Cristo siempre encajaban en su misión. Que sea en invitación, reuniones para entramparlo, enseñanza en público como en privado etc. Por lo que él fue enviado a cumplir, era su distracción.

Principio 11: *El enviado no necesita la aprobación de los necesitados porque ya fue aprobado por uno mayor.*

Si Cristo hubiera buscado la aprobación de los pecadores, en algún momento hubiera podido comprometer su verdad para ganar la amistad pública. Los embajadores del reino no son enviados para estar a gusto con el mundo, sino para **testificar únicamente lo que testificó Cristo sobre Dios**. Que sea un fariseo o sea un discípulo, si se deja usar por el Diablo, la espada de Cristo no perderá la oportunidad de cortar su cabeza. Esta actitud de Cristo lo salvó de los hipócritas y fue temido por amigos y enemigos. El embajador del Reino no tiene otra amistad que su verdad (Cristo), todo aquel que está en la verdad es considerado amigo, pero si se aparta de la verdad, debe clavar la espada de Cristo en el alma del mentiroso sin dudar. Si el alma cayó muerta después de haber clavado la verdad de Cristo, entonces no era de Cristo. La verdad es para librar al alma, no para matarla, pero un alma muerta por la verdad es demonio herido por el poder de la Verdad y es normal que se quede en el suelo.

Principio 12: *El enviado es enviado al valle, pero amanece siempre en el monte.*

Cristo tenía un gran secreto que lo mantuvo fuerte; se observa que caminaba en las regiones atendiendo a los necesitados, predicaba, enseñaba, pero de noche pasaba tiempo de oración, hasta amaneciendo en oración. Esto significa para un embajador, que el valle es para trabajar, pero debe volver al monte porque allí está la inspiración, la revelación y la iluminación. Un embajador que deja de subir al monte alto seguro tendrá las manos sucias, enfocado en la vanidad (**Salmos 24:3-4**) y perderá la comunicación con su gobierno, y dejará de ser representante del Rey; pero si se mantiene en contacto con el Rey, más poder tendrá.

Principio 13: *Por ser enviado, este anula su voluntad para cumplir la voluntad que aquel que lo envió.*

Cristo demostró que no se trataba de su voluntad sino de la voluntad del Padre Dios. El embajador del reino debe recordar que primero es la voluntad de su gobierno y, por último, la voluntad de su gobierno. Cada vez que su voluntad confronte la voluntad de su Rey, saldrá del contexto de enviado.

Principio del Llamado

Principio 14: *"Si alguno viene a mí y no me ama más que a su padre, a su madre, a su esposa, a sus hijos, a sus hermanos y a sus hermanas, y aun más que a sí mismo, no puede ser mi discípulo".* **Lucas 14:26 (DHH, 1996)**

Estaba meditando sobre un mensaje del maestro y pastor Jorge Davis titulado: "el llamado", dos casos llamaron mi atención:

El primer caso es sobre un cobrador de impuesto, un hombre en una buena posición económica, pero al mismo tiempo, un hombre herido por el rechazo. Jesús no consideró su mala fama, solamente le dijo: ¡sígueme! Y el cobrador no preguntó por qué ni para qué, sin tener la menor idea de quién era, dejó su fuente de ingreso, sin dar explicación a Roma de su renuncia, respondió al llamado de Jesús como si el trabajo que hacía no representaba nada para él.

El segundo caso es el llamado de Eliseo por Elías. Elías ni siquiera habló con Eliseo, solamente pasó ante él y echó su manto sobre él. Sin lugar a duda, hubo un acto profético en aquel acontecimiento y muy edificante para los embajadores del Reino. El gesto de Elías simboliza que la unción profética eligió a Eliseo. El manto era una especie de sábana para cubrir al hombre del frío en la noche, era una protección. Eliseo entendió el gesto y se apresuró de esa nueva oportunidad que le fue ofrecida. El hecho que había 12 bueyes labrando nos dice que el terreno debería ser grande, es decir, no era una persona sin ocupación importante. Pero cuando mató un par de bueyes, esto nos dice claramente que puso fin a su negocio, cerró la fábrica para abrazar la unción.

Esos ejemplos deben inspirar a cada embajador del Reino de Dios, que ante del llamado, no existe cosas importantes y competitivas. Puede ser un médico, ingeniero de construcción, doctor en ciencia política, economista etc. Por el llamado, usted deja de ser el profesional al servicio del mundo para ser un profesional enviado al mundo.

Principio 15: *Porque muchos son llamados, y pocos escogidos.* **Mateo 22:14**

Muchos pueden escuchar el llamado de Cristo hasta caminar con él. Pero la palabra "escogido" debe llamar la atención, porque nos parece más que una confirmación de que realmente aquel que respondió al llamado está de él, y para él. Ser escogido significa ser elegido según la palabra "ungido", es decir el escogido es una persona de unción. Por eso muchos están sentados en la congregación sin hacer nada porque escucharon el llamado, pero no sienten la necesidad, la pasión de hacer nada porque no tienen unción. Si no tienen unción tampoco son elegidos; si no son elegidos tampoco son de Cristo. Lo que no son de Cristo no pueden vivir con la mente de Cristo. Por eso la Escritura dejó entender que todos no son dignos del llamado de Dios (**2 Tesalonicense 1:11**). He aquí el origen de la indiferencia en la congregación de los santos.

Principio 16: *Todos los hombres vinieron de la eternidad a la tierra, solo el llamado encenderá su propósito.*

Si observamos la palabra "llamado", la raíz sería "llam" (llam-ado), la misma que se usa para: llama, flama; en el contexto que es algo que se encendió con el fuego. En el lenguaje espiritual: es encender a una persona del fuego del Espíritu Santo para la causa del Reino. Cuando Cristo llamó a Leví, lo que hizo realmente fue encender un fuego espiritual en él, pero el que permitirá que el fuego permanezca encendido, es el Espíritu Santo, porque de él procede la unción. Si alguien respondió al llamado, es decir, entregó su vida a Cristo, entonces Dios tiene la intención de ungirlo para cumplir una función para la gloria de su Nombre.

Principio 17: *Porque irrevocables son los dones y el llamamiento de Dios.* **Romanos 11:29**

Si Dios hace un llamamiento a alguien, no existen cosas o situaciones en su vida capaces de hacerle cambiar o arrepentirse. Por eso, cada persona que responde al llamado de Dios debe cuidar y respetar con gran tenor a los demás llamados en el ministerio. Si Dios le llamó, es porque éste será una pieza clave para una tarea específica para su causa.

Principio 18: *El llamamiento responde a una necesidad terrenal pero impregnado con un premio celestial* **(Filipense 3:14***).*

Hay una diferencia entre experimentar el llamado y morir en el llamado. Una persona puede decidir tener experiencia con Cristo y después abandonar el camino. Tal caso dice que experimentó su llamado. De hecho, el llamado es una senda donde hay que permanecer hasta el último suspiro; un embajador que murió en servicio terminó su carrera en su llamado. Dios no solamente llama a las personas para usarlas como objetos; conforme a sus planes, el llamado tiene una recompensa específica en los cielos antes del nacimiento del enviado en la tierra. Por esa misma razón había que llamarla para vivir su propósito en la tierra y satisfacer la promesa divina sobre la vida como fue escrito en los cielos.

Principio 19: *Ningún llamado del Reino de Dios procedió desde la tierra, sino que vino desde los cielos, para que nadie sea seguidor de hombre, sino de Cristo, Aquel con el derecho y digno de ser seguido.*

Es una advertencia severa a cualquier líder o embajador que deleita tener seguidores, que dicen que tienen ovejas, que creen que son la imagen y figura de admiración pública, y se preocupan mucho de su fama. Un embajador no tiene seguidor ni ovejas, ni riqueza, no tiene nada que el testimonio que Cristo le dio para testificar al mundo. Hay senda contaminada que un embajador no debe andar: la gloria, la fama, la vanidad, el lujo, el poder; todo debe apuntar a Cristo y nunca a su imagen personal o su ministerio (congregación).

Eres solamente un vaso que Cristo usó para alcanzar a la gente, por eso no tienes el derecho de tener rebaño o seguidores, porque eres oveja y seguidor como todos los demás de un solo Rey Cristo.

Principio 20: *El llamado implica un cambio de estado, un cambio de cosmovisión; y abrazar la visión del Reino de Dios.*

El Reino de Dios considera al hombre un esclavo, y quiere ofrecerle libertad. Así que el llamado es para libertad (**Gálatas 5:13**) para poder hacer todo lo que quiere Dios y no lo que queremos hacer. Si alguien dice que respondió al llamado y sigue haciendo su voluntad, no ha entendido la libertad de Cristo. Todo lo que afecta nuestra mente negativamente, que nos contamina el alma, es de origen de la esclavitud, el llamamiento era para apartarnos de la inmundicia (**1 Tesalonicense 4:7**), porque sin la santificación, nadie verá al Señor (**Hebreo 12:14**). El Reino de Dios nos deja entender que nuestra misma voluntad está sujetada a una mente contaminada e influenciada por las tinieblas y solo vivir en el llamado nos mantendrá en libertad, cumpliendo la voluntad de Dios que era nuestra voluntad de fábrica.

Principio 21: *El llamamiento es para Ser y Estar como Dios.*

El propósito final de todo lo que Dios quiere para su pueblo es único: "Sed santo, porque yo soy Santo". Si Dios es santo y llama a alguien, tiene que ser santo (**1 Pedro 1:15**). Un hijo de Dios no está llamado para ser parecido a Dios; todos los seres humanos se parecen a su creador porque tienen su imagen y semejanza. Sin embargo, un hijo de Dios es una copia idéntica de Dios; es declarado santo no por sus obras sino conforme a su propósito y gracia ofrecida por Cristo antes de la fundación del mundo (**2 Timoteo 1:9**).

Dejad de criticar a tu hermano y compañero ministerial, porque por sus defectos, sus fallas; es un "ser santo" por la gracia de Cristo, y sus criticas están dirigiendo directamente a su Rey que lo llamó; indirectamente estás diciendo a Cristo que se equivocó cuando lo llamó.

Capítulo 4

Visión de Cristo sobre su Agencia

¿Qué es la Iglesia?

Es el cuerpo de Cristo; *también es un Ser espiritual nacido de Dios y enviado en el mundo*; Es una Agencia Divina en este mundo; El conjunto total de los creyentes, sin faltar uno en cada asamblea en el mundo. Tener bien claro lo que es la Iglesia responde a las preguntas públicas de ¿Quién somos?; hijos y herederos de Dios, familia y raza divina, comisionados en la tierra como embajadores del Reino de Dios. Cada comprensión de lo que somos nos eleva a una clase de poder, de autoridad, de identidad y de responsabilidad.

Como somos comisionados en el mundo como embajadores (todos los creyentes) del Reino de Dios, la tarea principal de todos los miembros de la familia divina en la tierra es: negociar los términos de paz con aquellos que no son parte del Reino de Dios por medio del ministerio de la Reconciliación. Cada embajador debe tener conciencia que los dichos de su boca están al el nombre del Rey, o sea Dios y se está expresando por medio de él. Así que, hay que cuidarse de lo que se dice y de lo que se hace, porque el Reino está comprometido con el embajador. Esto no es un asunto de los pastores o de los apóstoles, ni tampoco de la jerarquía que se encuentra en las congregaciones, sino de todos los embajadores del reino de Dios en un plano horizontal.

Así que, **somos embajadores** *en nombre de Cristo, como si Dios* <u>*rogase*</u> *por medio de nosotros; os rogamos en nombre de Cristo:* **Reconciliaos con Dios.**

2 Corintio 5:20

Los embajadores del reino no están enviados para ofender, juzgar ni condenar a los pecadores no arrepentidos; la palabra <u>Rogar</u> aquí en el versículo se refiere a la forma humilde de pedir algo al otro. Si su Rey se humilló ante el extranjero para negociar paz, ¿quiénes somos tú y yo para hacer lo contrario?

Cualquier miembro que pertenece al mismo cuerpo, debe estar unido para realizar movimientos precisos, para caminar en la misma dirección y así sucesivamente. El pie derecho no puede ir a la derecha mientras que el pie izquierdo quiere ir a la izquierda, el cuerpo no irá a ningún lado, y lo mismo la mano derecha no puede tomar una taza de té mientras que la mano izquierda trata de derrocarla; de la boca sale la palabra y esto es posible debido a que la lengua respeta sus límites, cumple su función y respeta los movimientos de los dientes. Basándonos en este modelo de funcionamiento, se podría decir, que la Iglesia funciona, pero no se comporta como un cuerpo responsable en la actualidad.

La visión de Cristo sobre esto, es que cada creyente

debería entender que no puede funcionar de forma independiente; que está en necesidad el uno del otro; sujetado uno al otro y supervisado por los demás.

¿Para qué la Iglesia?

Jesús no inventó el término iglesia. El término ya existía antes de su nacimiento en la tierra desde 594 a. C. instaurado por Solón. Era la principal asamblea de la democracia ateniense de la Grecia clásica para designar magistrados que tenían la última palabra del gobierno. De los años 594 a la época de Cristo, el término de la iglesia tuvo otra interpretación en el imperio de Roma, era una agencia del imperio con la tarea de representar al imperio ante pueblo extranjero y proporcionar informaciones como beneficiar la protección y favores del mismo emperador. No siempre la tarea de la iglesia del imperio de Roma fue fácil; pueblos bárbaros se oponían y le cerraban puertas, el camino para estorbar la expansión del imperio.

Conocer el contexto histórico del término "iglesia" ayudará o refrescará la mente del creyente sobre la verdadera intención de Cristo cuando declaró a Pedro que iba a fundar *su Iglesia* y fue más allá cuando tomó como ejemplo las puertas del infierno, como las últimas capaces de hacerle frente a su conquista (**Mateo 16:18**). Es obvio que, más tarde, en **Mateo 18**, vimos a los discípulos interesados sobre sus posiciones futuras, querían saber ya quién sería el mayor en su imperio, porque habían bien entendido que realmente Cristo iba a convertirse en un rey y emperador. Cuando lo crucificaron, los romanos pusieron una indicación escrita en tres idiomas para recordar al mundo que Cristo fue un rey de los judíos y por pensar tener también una iglesia como agencia para expandir un imperio indestructible.

Esto quedó claro a su Iglesia, que no existe ningún poder terrestre y aun místico capaz de detener el Imperio de Cristo. Si los discípulos, los fariseos y los romanos entendieron a Cristo, ¿Por qué todos los creyentes no se enfocan a esa visión?

Y yo también te digo que tú eres Pedro, y sobre esta roca edificaré mi iglesia, y las puertas del infierno no prevalecerán contra ella.

Mateo 16:18

Entonces, Cristo quería instaurar una institución que fuera como **una AGENCIA divina** para expandir su reino en la tierra. Esa agencia estaría formada con la familia de Dios y por seres espirituales nacidos con el Espíritu Santo, incorporados en el cuerpo de barro para cumplir la voluntad de Dios en la tierra como en los cielos. Como la Agencia está compuesta únicamente de la familia, la Iglesia es un negocio familiar en conquista de almas. Cada alma es una propiedad, es una casa espiritual y tiene un valor increíble para el emperador Cristo, por eso ningún embajador debe jugar con el interés de Dios en este negocio.

A la hora de expandir el Reino, la Agencia Divina debe recordar ciertos detalles para los cuales su Rey la instauró; Esto está conforme con lo que fue profetizado sobre él en el libro de Isaías; el Espíritu Santo es el Consolador de los hijos de Dios en la ausencia del Rey, y es la guía de toda la Agencia divina. El trabajo de la Agencia Divina hará cambios, transformaciones en el ser humano con el mensaje del evangelio y presionar al sistema satánico para liberar los prisioneros y poder entrar en el reino de Dios. En poca palabra, **la Agencia Divina está en este mundo para atender a unas necesidades**.

El Espíritu del Señor está sobre mí, Por cuanto me ha ungido para dar buenas nuevas a los pobres; Me ha enviado a sanar a los quebrantados de corazón; A pregonar libertad a los cautivos, Y vista a los ciegos; A poner en libertad a los oprimidos; A predicar el año agradable del Señor.

Lucas 4:18-19

Como está en la mente de muchos, están completamente equivocados pensando que están en la Iglesia para ser atendidos por los pastores hasta el día de sus muertes. Por eso se comportan como unos niños, desean que los líderes los carguen, los acaricien. Sin embargo, la mente de Cristo revela que aquel que forma parte de la Agencia Divina está no para ser servido, sino para servir a los demás, atender a las necesidades de las personas del mundo.

¿Por qué la Iglesia?

Si una nación elabora un plan para reclutar nuevos ciudadanos, lógicamente estará en gran necesidad de una agencia con oficinas operativas y asequibles para facilitar esa integración, al mismo tiempo su política será bastante agresiva, por eso la Escritura dice: *"el reino de los cielos sufre violencia y los violentos lo arrebatan"* (**Mateo 11:12**). Esa misma política del Reino entra en conflicto con el mundo bajo el dominio del Querubín caído, por eso la Agencia divina está en un campo de guerra (**Efesios 6:12**).

Así que La Agencia instaurada por Cristo tiene por misión realizar el objetivo primordial de Dios: <u>reclutar nuevos miembros para la familia de Dios</u>. En verdad, no es un simple reclutamiento de nuevos miembros, sino <u>despertar los que fueron elegidos antes de la fundación del mundo</u>, aquellos que no han cruzado el río Jordán espiritual.

Además, el gobierno divino tiene el proyecto de destruir todo sistema y creatura no alineados a la política de su reino, y porque hay un amor muy grande por la especie humana, instauró su agencia (Iglesia) en medio del campo de guerra para los que desean ser parte de Dios antes de la eminente destrucción de la humanidad y del imperio de la muerte.

¿Cuándo fue formada la Iglesia?

La Escritura explicó claramente como Jehová Dios formó al primer Adán. Lo primero que hizo Dios fue formar al hombre, formar el vaso. Después que diera forma, sopló sobre lo que formaron sus manos y se convirtió en un ser viviente. ¡Oh gloria al Dios padre! Por cierto, la Escritura nos dijo que las cosas del Antiguo Testamento eran sombra de lo por venir, así cuando Cristo salió del Jordán escogió piedras muertas (los discípulos) para andar con él, de allí empezó a formar su cuerpo. Pero antes de ascender a los cielos de donde vino, dice claramente la Escritura que él sopló sobre ellos como él lo hizo al principio para que se convirtieran en piedras vivientes, ¡oh gloria! En el tiempo kronos, la vida entró en ellos después de 40 días en el pentecostés, pero en el tiempo Kyrios estaban sellados ya.

Y habiendo dicho esto, sopló, y les dijo: Recibid el Espíritu Santo.

Juan 20:22

Tal vez uno de su familia o un amigo sigue muerto porque no ha recibido el Espíritu de vida de Cristo, tenemos la autoridad de afirmar esto: sopla proféticamente sobre él y recibirá vida, y predícale sin desmayar.

¿Cómo funciona la Iglesia?

La Agencia divina funciona como una embajada y un consulado. En el primer lugar, la Iglesia representa el gobierno de Dios (no una sola persona), defiende los asuntos políticos, los deberes y derechos, incluso la protección de los ciudadanos o miembros de la familia de Dios en la tierra extranjera (por eso dice que no somos de la tierra) y en segundo lugar, elaborar planes y estrategias para facilitar la integración de nuevos miembros: proporcionar las informaciones para ser miembros de la familia, las condiciones que cumplir **conforme al manual (**los mensajes de Dios en la Biblia**) de la Agencia del Reino,** y no lo que piensa personalmente la gente. El manual de la Agencia dice claramente sus objetivos a la hora de tratar con la gente. Cada embajador debe respetar y cumplir exactamente el propósito del manual:

Toda la Escritura es inspirada por Dios, y útil para enseñar, para re-argüir, para corregir, para instruir en justicia, a fin de que el hombre de Dios sea perfecto, enteramente preparado para toda buena obra.

2 Timoteo 3: 16-17

Toda la información de la Agencia divina está basada sobre LAS BUENAS NUEVAS (el Evangelio). Cualquier embajador que no tenga respaldo de su gobierno de origen, operará vacíamente (dijo Jesús: *sin mí no pueden hacer nada*).

Porque no me avergüenzo del evangelio, porque es poder de Dios para salvación a todo aquel que cree; al judío, primeramente, y también al griego.

Romanos 1:16

La Agencia Divina, según el plan de Cristo, quiere establecerse en diferentes puntos estratégicos en la tierra, conforme a las necesidades espirituales y como células dinámicas. Jesús tenía momentos para estar a solas con los primeros miembros del reino para enseñar cómo hacer el trabajo y otros momentos para salir hacia la gente y expandir el reino. Eso quiere decir que las reuniones de las células de la agencia divina (las iglesias locales) deberían reunirse con el propósito principal de edificarse y después definir planes y estrategias para salir hacia la gente no miembro de la familia de Dios.

Fui criado en el mundo cristiano y pasé toda mi vida en los cultos: canciones con buena música y sermones llenos de esperanza de bendición. Mi mente fue fomentando en esa realidad y terminé por ser músico y hoy soy director de alabanza en una congregación. Mi sueño era tener el ministerio más grande en alabanza con los mejores músicos, nada preocupaba más mi mente porque entendí que fui creado para adorar a Dios y las alabanzas eran la adoración, tenía una mente de culto y ceremonia, ¡que equivocado estaba!

Multitudes siguen pensando como yo pensaba: levantarse por la mañana, comer y trabajar, después un culto y a dormir; y así cumplimos con Dios. Si faltamos a los cultos, entonces estamos alejándonos del Señor porque cumplir con los cultos es la vida cristiana. Pero no es así.

Después de conocer la visión de Cristo al respecto de su Agencia, debemos comprender la organización de la Agencia para su mejor rendimiento.

Capítulo 5
Estructura y funcionamiento de la agencia divina

El Diseño de Cristo para su Iglesia

Hay otra razón por la cual la Escritura reveló por qué la Iglesia es el cuerpo de Cristo. Cristo proyectó su Reino en este mundo en una forma para que podamos entenderla en nuestro lenguaje humano. Un cuerpo humano tiene miembros con funciones distintas. De hecho, uno de los temas más importantes son los sentidos del cuerpo sobre los cuales queremos llamar su atención.

La mente del ser humano está alimentada por los cinco sentidos: el oído, la vista, el gusto, el olfato y el tacto. Esos cincos sentidos brindan las informaciones sobre las cuales el sistema de la mente existe. Si un ser humano al nacer no tiene ningún sentido operacional, le será imposible tener una mente, será un cuerpo con vida, pero sin consciencia de existencia.

Hemos considerado en otros libros que el cuerpo de Cristo tiene el diseño del tabernáculo, nos parecen muy interesantes los detalles de Perry Stone en su libro: *Puertas Abiertas del Cielo*, sobre los cinco mobiliarios del tabernáculo. Consideramos a los cinco mobiliarios como una figura de los cinco sentidos del tabernáculo, que llevan una cadena de información para ser justificada ante el centro del mando (el Arca del Testimonio). Más tarde, veremos al apóstol Pablo, quien fue llevado hasta el tercer cielo, aquel hombre que vio, como Moisés, cosas maravillosas, mencionando los cinco ministerios para edificación y perfección de la Iglesia: Los apóstoles, los profetas, los evangelistas, los pastores y los maestros (**Efesios 4:11-12**).

Si reflexionamos sobre la tarea de cada ministerio, comparando la función de cada mobiliario del tabernáculo y con nuestros sentidos, este recordatorio nos llevará a revisar la estructura de nuestras iglesias locales en la actualidad y proyectar una nueva organización estructural para la edificación de los santos: sabiendo que cada mobiliario tenía un propósito específico; y, por cierto, cada ministerio es divino y debe ser aceptado y respetado. Suprimir uno de los sentidos de la Agencia Divina, es una manera de considerar que este sentido no sirve para la edificación y perfeccionamiento de los santos.

- Partiendo de adentro hacia afuera, el último mobiliario era el Altar de Bronce sobre el cual sacrificaban a los animales; estaba en el Atrio, donde se realizaban las tareas más brutas y forzosas. Así, los Apóstoles son los últimos (**1 Corintios 4:9**) y los más forzados. Ellos realizan el sendero en campo estéril, virgen, trayendo revelación del Reino. La misión de ellos es expandir el Reino, edificando diferentes bases operacionales (iglesias) en puntos estratégicos bajo dirección del Espíritu Santo. Son una clase de enviados especializados del Espíritu Santo para cumplir tareas complejas.

- En el mismo patio, encontramos otro mobiliario: la Fuente de Bronce. Nadie podría cruzar la tienda de la reunión sin lavarse en la Fuente de Bronce. Este es semejante a la función de los profetas, que abren las puertas del sendero, con la voz de inspiración celestial hacia el camino.

- Al cruzar la tienda encontramos la mesa de los panes que es una representación de los alimentos espirituales para todo el pueblo. Este es la tarea de los evangelistas, los ayudantes de los apóstoles (**Hechos 21:8**), que alimentan al pueblo, que también llevan a las almas a comer los alimentos del Reino por el mensaje del Evangelio.

- Después, estaba el Candelabro de 7 brazos para alumbrar dentro de la tienda, que es también el Ojo espiritual o los 7 espíritus de Jehová. La tarea de los maestros concuerda con la función del Candelabro; ellos brindan luz sobre la palabra revelada e inspirada, son instructores y ayudan a las almas a identificarse y orientarlos en el camino ministerial. Ellos educan, capacitan y forman los futuros iniciados a los cincos ministerios.

- Por último, el mobiliario que daba cuenta Arca del Testimonio sobre todo lo que salía del Atrio era el Altar de oro. Este es la tarea de los pastores, los guardianes o las niñeras directas de las almas. Ellos revisan constantemente todo que llega al alma de los creyentes para su salud. Es a ellos a quienes Dios pedirá cuenta de las almas.

De esos puntos, podemos decir: aquel que pone los fundamentos de la iglesia es el apóstol; el que predica el evangelio y que va a las calles para evangelizar es el evangelista; el que se encarga de dar las instrucciones y enseñanzas de la palabra es el maestro; el que explica las profecías y que profetiza cuando el Espíritu le autoriza es el profeta y el pastor cuida o vigila las almas reclutadas. Pero todos trabajan para expandir el reino de Dios en la tierra.

Discapacidad Sensorial

La discapacidad sensorial, según la ciencia médica, es la discapacidad de uno de los sentidos o varios sentidos que limitan a una persona. Conocemos varios rangos de discapacidad como: la ceguera y pérdida de visión, sordera y pérdida de audición, discapacidad gustativa, discapacidad olfativa y discapacidad somatosensorial donde la persona pierde la sensibilidad táctil. Cada sentido es importante y juega un papel en nuestro desarrollo personal para el mundo donde existimos y brinda una información distinta a nuestro sistema nervioso; que trata las informaciones y termina por ser un aporte al sistema mental; Ninguno puede realizar la misma tarea; si tenemos una discapacidad, la vida no se acaba por eso; si tres sentidos entran en discapacidad, la vida puede ser más complicada. Así nos conviene tener el sistema sensorial en buen estado para vivir mejor como Dios nos creó.

Si estamos de acuerdo con los detalles precedentes, humildemente debemos revisarnos para ver si no estamos en discapacidad en el cuerpo de Cristo. El Espíritu Santo nos regaló cinco dones ministeriales para la edificación y perfeccionamiento de los santos, pero si elegimos funcionar con solamente dos en la Agencia, seamos razonables, la iglesia no podrá desarrollarse como debe ser.

Se ha observado solamente a pastores en las congregaciones, algunos maestros activos en ciertas iglesias, tal vez evangelistas, y no tenemos que mencionar a los profetas (a veces sin conocimiento de la profecía) y a apóstoles que casi no aparecen. Tenemos otra situación peor, es que muchos que se dicen pastores, no los son, la función que desempeñan en la congregación generalmente es del evangelista, que se especializa en la prédica del Evangelio. Pero la función pastoral tiene algo más delicado con las almas: son los vigilantes directos de las almas. ¿Cómo es posible que haya pastores que no sepan nada de las personas de su congregación?

Esto no puede ser posible: que, dentro de la multitud, en el seno de la congregación, solamente baste un pastor para la edificación; si el pastor vigila las almas, es lógico que éste debe consumir tiempo. Satanás tiene también demonios que vigilan a las almas, pero no comete el mismo error que nosotros; no asignó un demonio ni si quiera para dos creyentes; a cada alma un demonio mínimo. Así que el trabajo de un pastor está lejos del púlpito, y damos cuenta que se necesita una red de pastores para toda una congregación.

Hay un mal entendimiento de nosotros sobre la estructura del cuerpo de Cristo; es obvio que los pastores estén siempre sobrecargados, estresados, con dificultad para dormir, con problemas en su familia; tienen tantas cosas que resolver como si fueran los únicos sentidos del cuerpo de Cristo. Hemos escuchado pastores que confiesan que la congregación es demasiada chiquita para un segundo pastor. Es como si la iglesia fuese una oficina con personal limitado, donde la función de los demás ministerios entrará en conflicto con la función pastoral; **sea el cuerpo de un niño como el cuerpo de un adulto, ambos crecen con los cinco sentidos**. Se deben identificar y clasificar a los creyentes conforme a sus dones; formar y capacitar cada clase de manera distinta para ser operacional en la congregación y cada uno edifica a los santos conforme a una organización bien estructurada y equilibrada.

No es posible que el mismo que vigila las almas, sea

el mismo que predique, que les enseñe, que les suministre sanidad, que cumpla las cinco funciones al mismo tiempo; la Agencia Divina no tiene este diseño; es de mente pequeña seguir operando de tal manera. Finalmente, el pueblo que está en la leche no llega a diferenciar a los demás ministerios; este es un daño al cuerpo de Cristo. El líder que actúa así no terminará su carrera muy bien: posiblemente su familia está en gran lio, tendrá problema de salud, etc.

A veces el Espíritu Santo por su voluntad puede regalar más de un don ministerial a una sola persona. Hay personas hoy que son evangelistas y maestros en una misma congregación, esto no es malo. Lo malo es cuando un líder no reconoce el funcionamiento de los demás; se convierte en este caso en un obstáculo para el desarrollo espiritual de muchos. No importan sus esfuerzos, él no está en armonía con la visión del Espíritu Santo, le está fallando.

¿Cuál es la tarea del Espíritu Santo dentro de la Agencia?:

La perfección de los santos con dones manifestados.

Por su puesto, es el Espíritu de consolación que nos asiste durante nuestra tribulación, mientras está ausente el novio, que es Cristo.

Manifestar la fuerza divina en las debilidades del

cuerpo de Cristo para el crecimiento de su capacidad de alcanzar a las almas en el mundo.

Engendrar o añadir lo que habrá de ser salvo.

La mente humana busca orden jerárquico, dominación y poder, honor y gloria, por eso es difícil para muchos líderes sin una mente bien clara de los principios del Reino; entender que los cinco ministerios nunca están en competencia, sino que trabajan juntos para el bien del cuerpo de Cristo.

Es natural para la mente humana repetir los mismos patrones, porque sus acciones están estrictamente enlazadas con sus experiencias de vida y compartidas; Es decir, que hemos crecido y vivido bajo una estructura eclesiástica por muchos siglos, nos hemos acostumbrados con las normas religiosas, lo aceptamos y lo pasamos a las generaciones siguientes. La iglesia papal tiene un hombre a la cabeza como representante de Dios con un su sistema jerárquico, y como en parte la iglesia protestante es una herencia del sistema papal, así, seguimos la misma estructura. Siento que el Espíritu está provocando un avivamiento en nuestra profunda estructura para algo más poderoso en este último tiempo. A cada escala del avance profético, siempre aparece un tiempo de avivamiento.

Las almas están tan acostumbradas con el niñero (el pastor), olvidan que, dentro de ellas, hay un llamado apostólico, entre otros. Muchos tienen años sentados y nunca se les ha ocurrido preguntar si pueden ser pastores, maestros, profetas o apóstoles. Al mismo tiempo, hay pastores que realmente quieren que las almas maduren y se apoderan de sus ministerios, pero las condiciones sistemáticas y la estructura eclesiástica o el manejo tradicional interno de la congregación, no permiten tampoco este logro.

Si el enfoque sigue siendo las cuatro paredes; edificios bonitos, es evidente que no veremos suficiente espacio para los ministerios; y orientar a las almas hacían sus llamados, porque la meta es cuidarlas y mantenerlas allí. Pero si el enfoque está en la política del Reino, la Agencia verá que hay tanto trabajo que hacer que faltarán obreros. Por eso, el mismo Rey y Emperador, que es Cristo, dijo que el trabajo es mucho y se necesita más enviados (**Mateo 9:37-38**).

Creemos que, si las congregaciones vuelven al diseño original de los 5 ministerios para la edificación de los santos, esto contribuirá al crecimiento natural de la iglesia. ¿Menguará el poder del pastor? Esto no es un asunto de poder, es la perfección de los santos, su trabajo será menos forzoso. Muchos grandes ministros están buscando la forma más apropiada para llegar al desarrollo de las almas en las congregaciones, han implementado varias estrategias; células, campañas y todo esto es bueno, pero llenar los bancos no hace del cuerpo estar en buena salud; multiplicar la membresía tampoco, pero una iglesia en acción y poder es evidencia del desarrollo interno de los embajadores; lo que comprueba que un organismo está en buen estado, es cuando están funcionando todas las partes del cuerpo, adecuadamente.

El Complot Satánico Contra el Desarrollo Ministerial

El mundo Satánico tiene bien claro que no puede destruir la Agencia Divina, pero, inteligentemente, se esfuerza para incapacitar el cuerpo. La mejor forma es la de provocar discapacitaciones de los sentidos del cuerpo. En otro nivel de comprensión: destruye o trata de destruir los ministerios de los creyentes: provocando escándalos, divorcios, adulterios, fornicaciones, pleitos, celos etc.

El mensaje de Dios por medio de las Escrituras se transmite por Revelación, Inspiración e Iluminación. Anteriormente vimos que los dos mobiliarios del patio del tabernáculo eran el Altar de Bronce y la Fuente de Bronce que simbolizaban los dos primeros ministerios de la edificación: los apóstoles como fundación y los profetas como columnas; sabemos que los profetas llevan la *inspiración* y los apóstoles, la *revelación*; entonces, los otros tres ministerios tienen la *iluminación* porque el centro de la luz estaba en la tienda.

Así que, proféticamente, esos dos testigos en el patio, están realmente más expuestos a los ataques. Por diferentes figuras, la Escritura nos advirtió que el mundo quiere matar a esos dos: la mente del mundo no quiere aceptar más profetas y apóstoles en la Iglesia, literalmente han matado con mucho gusto a los profetas y a los apóstoles durante siglos. Por eso hoy en día, no vemos abundantes esos dos ministerios poderosos. Los pocos que hay, casi no se reconocen por los falsos que abundan en medio de nosotros, y esa es una razón más que ayuda al mundo a matarlos.

Pero, proféticamente, estamos en el tiempo profético donde se van a levantar por el Espíritu de vida, el Espíritu Santo, el autor de todo avivamiento espiritual ¡Gloria!, son hombres comprometidos con la verdad, de autoridad y humildes, sin avaricia y que no andan en busca de la plata; hombres de poder con voz profética, capaces de cerrar los cielos, hasta impedir que llueva; se notarán su resurrección porque el mundo satánico conocerá grandes pérdidas como otras veces antes. No puedo decir si son los oídos, o el tacto de un cuerpo, pero de lo que estoy seguro es que lo que el Diablo quiere robar a los hijos del Reino, lo va a devolver siete veces, ¡oh gloria! La victoria de Cristo se exhibirá otra vez.

Comprender la Función de los demás

El trabajo realizado por los pies en el cuerpo no es el mismo que realizan los brazos. Cada parte del cuerpo realiza una función clara y distinta. Las asambleas

Bautistas son diferentes de las Asambleas Pentecostales, etc. Pero todas cumplen funciones por el mismo cuerpo. Hay asambleas que están llenas de normas estrictas sobre la comida, las ropas y, así mismo, algunas partes del cuerpo humano son muy reservadas a la vista, se consideran íntimas. Es el Espíritu Santo que permite ciertas cosas. Si una congregación predica la doctrina de Cristo, si ella está de acuerdo que Jesús es el Señor y Dios, si cree que Jesús es el único camino que conduce al Padre, si acepta que Jesús es el Mesías, no está en contra de Cristo:

Jesús le dijo: No se lo prohibáis; porque el que no es contra nosotros, por nosotros es.

Lucas 9:50

¿Porque Jesús dijo eso? Parece claramente que la gente que no andaba con Jesús, predicaba el Evangelio y echaba afuera demonios en su nombre. El hecho de que una persona esté liberada por el nombre de Jesús consiste un trabajo menos para la Iglesia (especialmente si esa persona no es cristiana). Jesús no dijo que la gente que echaba afuera demonio en su nombre estaría salvada, porque la misma Escritura dice que la gente dirá "hemos echado afuera demonios en tu nombre, y Él responderá: "Fuera mentirosos, engañadores..." Dios respalda su Palabra, todo lo que habla bien de Jesús hace un gran bien a la Iglesia, es lo que queremos ver en nuestra sociedad. Solamente debemos preocuparnos más por lo que nos corresponde hacer.

Cada asamblea tiene un comportamiento dependiendo del sitio y la fuerza satánica que le influya, como se observó en las siete iglesias de Asia Menor que vamos a estudiar más tarde. Un sitio lleno de brujos, de magos, creará una congregación en guerra continua; los mensajes, canciones, oraciones suelen ser agresivos. Y la otra congregación que sufre de robo, de divorcio, de discriminación en la comunidad predicará más el amor, la reconciliación, el perdón. Una congregación que sufre de la indecencia, de la perversión sexual, de la lujuria de la carne y de los ojos, la idolatría en su comunidad puede ser legalista o muy tradicional. Sin embargo, cada congregación debe honrar y respetar la actitud de la otra, porque trabaja para el Señor y se preocupa por miles de almas. Además, los creyentes asisten a una congregación conforme *al estado de su mente humana*, no podemos ignorar el aspecto humano: si el siervo era adicto al sexo, puede ser normal que cualquier falda o pedazo de piel desnuda despertará su viejo hombre; si era alcohólico, puede ser que el sabor del vino o el olor de una cerveza le cause efecto, hay un sin número de cosas que el Espíritu Santo sabe de la persona y por esa razón lo puede guiar a tal congregación.

Así que, tenemos que dejar de criticar a los demás porque somos un solo cuerpo, y es normal y natural predicar el mismo Evangelio de manera diferente, incluso en una sociedad de individuos diferentes, de diferentes categorías, de costumbres y culturas diferentes.

La Familia Espiritual (Mateo 12: 47-50)

La Iglesia debe recordar y demostrar que los miembros de la Asamblea y todos los cristianos son parte de **su familia real y la verdadera en la sangre de Jesucristo. Esta familia espiritual es más importante que la familia terrenal**, porque la sangre que une a los cristianos es más preciosa, y más valiosa. La familia terrenal está en el tiempo temporal, pero la familia espiritual está en el tiempo eterno. El texto muestra que Jesús consideraba a los discípulos como su verdadera familia, y su familia terrenal tenía poco valor para Él.

Debemos considerar una de las últimas siete palabras de Jesús en la cruz antes de morir cuando dijo:

Cuando vio Jesús a su madre, y al discípulo a quien él amaba, que estaba presente, dijo a su madre: Mujer, he ahí a tu hijo. Después dijo al discípulo: He ahí a tu madre. Y desde aquella hora, el discípulo la recibió en su casa.

Juan 19: 26-27

Al leer el texto, aparece una pregunta: ¿dónde estaban los hermanos terrenales de Jesús? ¿Por qué le dio María a Juan, su discípulo, la responsabilidad?

El Señor estaba haciendo un acto espiritual, es la restauración y confirmación de la familia espiritual. Incluso, María tuvo otros hijos, su verdadero hijo fue aquel que creyó en Jesús; y Juan creyó en Jesús y recibió a María como su verdadera madre.

Orden Ministerial

Cada pastor, cada apóstol, cada evangelista entre otros fue fruto de otro ministro y han recibido su ministerio por imposición de manos o ministrado por el Espíritu Santo; en todos los casos, alguien lo alimentó, lo cuidó y lo capacitó. Así que hay una responsabilidad de supervisión y la obligación de presentar informes de acuerdo a una orden ministerial, porque el que te alimentó espiritualmente, que te formó, se convirtió en tu hermano mayor, no importa si tú estás más usado que él (en el sentido más impactante, también es un término del mundo cristiano para referirse a una persona con más unción): y él tampoco debería sentir celos ni intentar cerrarte puertas. El hecho de que presentes informes a otros, no significa que eres menos, tampoco no estás pidiendo permiso a nadie, sino que es un acto familiar que permite al que te formó, la ocasión de glorificar a Dios por la obra que ÉL está haciendo a través de ti, él tiene también el derecho de supervisar tu trabajo como también tú puedes hacerlo con a él.

La Biblia no impone la orden, pero podemos notar que los apóstoles nos dejaron un modelo de trabajo, un modelo que mantenía los lazos fuertes en la familia del Reino. Y creemos que es un deber mantener una disciplina para mantener la Iglesia con eficacia, porque el Espíritu Santo controlaba sus pasos.

Pablo fue el fundador de varias asambleas en Asia Menor. Mediante el análisis de algunas de sus cartas, vemos saludos a los líderes de las congregaciones y mensajes para fortalecer a los creyentes en la fe. El apóstol Pablo no se levantó una mañana y dijo: *hoy soy un apóstol*. El Señor, después de haberse interpuesto en su camino hacia Damasco, envió también a Ananías, otro ministro conocido por la comunidad de los santos de Jerusalén, para bautizarlo e imponerle las manos (forma de ungir o de impartir dones espirituales), para apoyar y confirmar su ministerio. ¿Qué queremos decir con eso? Los ministerios no vienen de los hombres, es el Espíritu Santo que da y revela los dones ministeriales. Sin embargo, el Espíritu Santo usa a los hombres para aprobar los dones ministeriales reconocidos. Y esto lo sabremos cuando veamos a los frutos de ese dicho ministerio.

El apóstol Pablo también, en caso de problemas, concurrió a la Iglesia central de Jerusalén, que fue dirigida por los primeros apóstoles de Jesucristo. Esta historia se relata en **Hechos 15: 1-33**. Una encendida discusión entre un líder de una congregación con otro miembro de conocimiento en la palabra de Dios puede ser objeto de confusión en una congregación. No hay que ponerlo fuera de la congregación como si fuera un negocio personal como muchos hacen; al contrario, si eres líder y te interesa convencerlo de una verdad, tienes el deber de encontrar a otros líderes de experiencia para aclarar todo (espero que la equivocación no esté de tu lado). Cualquiera de las partes podrá defenderse con base bíblica, ¿quién tendrá la razón? Aquí es donde la importancia de los reconocidos, los conocedores de la Escritura, los que están llenos de la sabiduría de lo Alto y guiados por el Espíritu. Es a ellos a quienes hay que. No siempre el hermano más viejo en el camino tendrá más conocimiento, sino cuándo llegará un caso ante él, y si él está sometido totalmente bajo el control del Espíritu Santo, sabrá reconocer la verdad. Pablo tenía más conocimiento que Pedro, pero Pedro supo que los conocimientos de Pablo eran difíciles de entender y procedían de Dios.

Hoy en día, es más fácil para algunos pastores echar fuera de la congregación a un hermano, en lugar de aclarar una duda. Conocemos esas expresiones: *"aquí mando yo; yo soy el pastor que fundó esta iglesia; quien no pueda someterse, que se vaya de aquí"*.

Los creyentes no pueden trabajar de forma independiente, y restringidos por quien sea, sin embargo, los hermanos que luchan con mucha experiencia y que tengan mucho tiempo en la batalla de la fe, tienen el derecho y permiso para observar si el trabajo realizado se hizo para glorificar a Cristo y dar testimonio a los demás hermanos en otras asambleas. La Escritura relata eso así:

Pero había entre ellos unos varones de Chipre y de Cirene, los cuales, cuando entraron en Antioquía, hablaron también a los griegos, anunciando el evangelio del Señor Jesús. Y la mano del Señor estaba con ellos, y gran número creyó y se convirtió al Señor. <u>Llegó la noticia de estas cosas a oídos de la iglesia que estaba en Jerusalén; y enviaron a Bernabé que fuese hasta Antioquía</u>.

Hechos 11:20-22

Esto significa que había un interés en las actividades espirituales de los demás. Cada congregación debe buscar; y, si es posible, tomar parte en cualquier actividad que promueva el mensaje del Evangelio. En efecto, si el Evangelio fue ridiculizado en el Norte, los creyentes del Sur deben llorar porque la fractura de un dedo del pie es una pena para todo el cuerpo, porque el dolor es compartido por todos los miembros del cuerpo.

Pusimos el tema de la restauración del Orden Ministerial sobre la mesa porque hay mucho desorden hoy. Hoy el pueblo de Dios no sabe diferenciar ni comprender lo que es "Ministerio". Para una mayoría, una iglesia se forma de un pastor, los ancianos, ujieres y el grupo que maneja la alabanza. Cualquier asamblea que se componga de los santos de Dios está en necesidad de los cinco ministerios para su edificación plena, según la Escritura.

Recursos disponibles para la Agencia

Debe haber recursos disponibles para las necesidades de las congregaciones. Todos los creyentes en Jesucristo están en misión en la tierra. Las asambleas que sufren de problema doctrinal requieren la presencia de un apóstol o un maestro disponible y enviado por otras asambleas supervisores para enseñar a otras congregaciones, como el apóstol Pablo envió a Timoteo a los tesalonicenses para fortalecer su fe (**1 Tesalonicenses 3: 2-3**).

La iglesia papal entendió esto. Si necesitan músicos, que permiten a los músicos ministrar en los cultos de aquellas sin músicos para la plena edificación de la congregación. Si hacen falta instrumentos musicales o sillas u otras cosas...que el resto del cuerpo preste una atención especial a esa necesidad. Cada asamblea puede estar en necesidad de algo, y el que formó el cuerpo tiene todo lo necesario para el funcionamiento óptimo del cuerpo y los recursos están en medio del cuerpo, y tiene lo suficiente para su función. Si el cuerpo toma su responsabilidad, la condición de los embajadores mejorará.

La Necesidad de una Red

Cualquier cuerpo funcional tiene establecida una forma de comunicación entre los miembros para la armonía perfecta entre todos. Los cristianos están equivocados al deshacer de sus responsabilidades, diciendo que *"el Señor todo lo ve y todo lo sabe"*, como si fuera él el único responsable si las cosas no funcionaran correctamente. La Responsabilidad del Señor es respaldar la Palabra escrita: *"en mi nombre hará milagros, etc."*; y la responsabilidad de la Iglesia es conocer la Palabra y aplicarla. Si una congregación está en crisis financiera y corre el riesgo de perder su local, la otra congregación vecina no debe celebrar por eso, si su local se convierte en un punto de drogas o de prostitución, ¿que ganara Cristo? Así que, si puede ayudar a la otra congregación, lo haga con alegría, porque la otra congregación también pertenece al Señor, aunque tenga formas diferentes, en realidad ella está haciendo el bien a sí misma.

Por eso, es importante establecer una Red para poner a circular las informaciones importantes entre las congregaciones. *La situación de la otra debe ser su preocupación.* Es necesario vigilar uno sobre el otro, dijo el Señor.

La idea de la red requiere agentes especializados del mundo cristiano para observar e informar de los hechos en un punto del cuerpo que tiene los recursos disponibles. Los Líderes deben estar de acuerdo para dar los informes de todas clases para poder recibir ayuda o asistencia para hacer frente a las crisis que se presenten. Si la pobreza de los creyentes en Jerusalén no hubiera sido comunicada en una red, los creyentes de Macedonia y Acaya no hubieran podido enviar sus dones financieros.

Recordamos que los creyentes de Jerusalén eran ricos en el conocimiento de la palabra y podían proporcionar recursos espirituales para otros; y ellos también necesitaban recursos de otro tipo de parte de los otros creyentes.

Mas ahora voy a Jerusalén para ministrar a los santos. Porque Macedonia y Acaya tuvieron a bien hacer una ofrenda para los pobres que hay entre los santos que están en Jerusalén. Pues les pareció bueno, y son deudores a ellos; **porque si los gentiles han sido hechos participantes de sus bienes espirituales, deben también ellos ministrarles de los materiales.**

Romano 15: 25-27

Las Redes Sociales y la Iglesia

Cualquier joven de una congregación, al leer esto, dirá: ya, tenemos las redes sociales para **enterarnos** de los demás. Es importante que cada embajador o ministro del Reino de Dios reflexione sobre el público con que compartirá una información del cuerpo de Cristo. Un hecho relevante, sea positivo o negativo, puede convertirse en un arma destructiva en manos extrañas y enemigas, dependiendo del contexto y la interpretación que se le dé. Si le pasara algo negativo a uno de la familia de Cristo, la información se convertiría en algo privado de la familia. Cualquier persona fuera de la familia de Cristo en conocimiento de esa información la usará para hacer daño al cuerpo porque no es de Cristo, está bajo influencia satánica y no es amigo de Dios.

La verdadera pregunta, ¿Qué esperas de la gente al publicar una información sobre un miembro de la familia de Cristo? ¿Contribuirá a la causa del Reino de Dios? ¿Levantará a la persona caída? Si las respuestas a esas preguntas no muestran la voluntad de Cristo, entonces, la publicación estará en contra del Rey.

Fuimos llamados para testificar la verdad. Esa verdad no es la verdad que los Medios cantan en la TV entre otros, sino la verdad sobre Cristo, lo que Cristo hace a través de la gente, y las demás verdades de la vida privada, de los errores de las personas, no es un enfoque del Reino de Dios; y, por tanto, *cualquier hijo de Dios que testifique otra verdad que no beneficie a Cristo testifica una verdad contaminada*.

Estamos llamados a levantar, restaurar, libertar, sanar a las almas, **todo lo que haga un ministro del**

Reino de Dios tiene que encajar en este contexto. Alguien diría: hay que quitar la máscara a los falsos en medio de nosotros. Si la información no servirá a restituir a aquel que cree ser un falso y lo va aplastar, destruir su reputación, su imagen, entonces no se ha entendido porque Cristo fue capaz de dejar 99 ovejas para salvar a una; no se ha entendido porque Cristo no autorizó a los embajadores quitar las cizañas en medio de los trigos; no se ha entendido que SOLAMENTE Cristo conoce a los verdaderos. ¿Quién sabe si no es un verdadero que se va a levantar en un futuro, y el que cree que es verdadero pronto se convertirá en un falso?

Ten mucho cuidado antes de apuntar al falso porque mañana no sabremos quién estará en la lista de los traidores de Cristo.

Problema de Seguimiento de la Iglesia

Nos gustaría compartir una falla muy grave que está afectando el trabajo de la comunidad de lo santo, antes de seguir adelante, se trata de la falta de **Persistencia**.

Recuerdo perfectamente bien: en una sesión de mis estudios de teología, el facilitador pidió a cada estudiante revelar una cualidad de un personaje bíblico que le gustara y explicar por qué. Éramos muchos, todos buscábamos un personaje prestigioso, famoso de la Biblia, cuando llegaron a mí, sonreí y voceé ¡Satanás! Estallaron en risas, algunos me reprendieron con comentarios y miradas que me asesinaban. Por unos minutos la sala se quedó sin control y el profesor pidió silencio para darme una oportunidad de defenderme. Yo nunca dije que el diablo era bueno y resalté que está derrotado, aunque sigue teniendo éxito en muchos de sus planes. Pero hay una cualidad personal de él que cautivó mi atención: **es persistente**. No dejará de perseguir a su presa, aunque fallará en un millón de intentos, revisará sus planes y estrategias y volverá a intentarlo. Intentó con Cristo en el desierto, pero jamás renunció en sus intentos, dice la Escritura, ¡oigan esto! ni siquiera a Jesús, que era su Dios, **tenía esperanza**, no existe en el diccionario de su mente la palabra "Renunciar". Creo que nosotros necesitamos ser persistentes y, si fuera posible, más que él, en la búsqueda de las almas.

Mas el que persevere hasta el fin será salvo.
Mateo 24: 13

La persistencia es sinónimo de perseverancia. Todos los cristianos necesitan persistencia para lograr objetivos específicos; y el apóstol Pablo comparó la vida cristiana como la carrera de un atleta, si no respeta las reglas, él será automáticamente descalificado y perderá la recompensa final. ***Entonces no es suficiente luchar contra los demonios para liberar las almas, lo más importante es luchar de acuerdo a las normas***. Y aquel que corre en un maratón deberá persistir para llegar hasta el final, si él abandona, estará descalificado. ***Por lo tanto, es después*** *de haber persistido en la carrera que la Iglesia llegará al éxito.*

En **Mateo 20: 1-8**, Jesús cuenta una parábola sobre unos obreros de una viña. Nos gustaría llamar su atención sobre un punto importante del texto.

Para un desempleado que está en búsqueda de trabajo, hay horas que son difíciles y otras que pueden ser imposibles para encontrar trabajo, según la temporada. Si un día laborable tiene 8 horas, y falta una hora de trabajo para terminar el día, y todavía estás en las calles sin trabajo, sabes que no hay nada que hacer, solamente tomar la dirección de su casa y esperar a mañana.

La Biblia no nos dio detalles sobre los trabajadores, es posible que hubo padres, hombres de familia y otros solteros, sin responsabilidad alguna. Un hombre soltero, en el caso de esta parábola, tiene 90% de probabilidad de no quedarse en la calle, antes de la última hora en un día laborable, ya no tiene ninguna presión que lo espere en su casa, pero hay 98% de probabilidad que sean hombres responsables de la familia con niños y que rehúsan ir a casa sin nada en las manos, y prefieran volver de noche para demostrar a sus esposas que aún estaban en las calles en búsqueda de trabajo, para satisfacer las necesidades de la familia.

En el versículo 6, el dueño de la viña salió de su hogar y se sorprendió que algunos hombres estuvieran todavía en la plaza antes de la última hora, <u>esperando una oportunidad, aunque sea por una hora de tra-</u>

bajo en la última hora laboral. El amo de la viña, un hombre de negocios, que sabe organizar y administrar sus bienes no es un idiota para contratar a personas cuando todavía faltaba una hora de trabajo, si fuera yo, no haría eso. Pero él los contrató y veo tres razones:

a) A lo mejor era un padre de familia y se sintió identificado.

b) Por la **Persistencia** de los hombres.

c) Por el valor de mantener la esperanza en una situación difícil.

La persistencia de los trabajadores nos reveló un fruto del Espíritu, y obtuvieron el favor del amo de la viña. ¿Qué lección pueden sacar los embajadores del Reino de Dios de esto?

La persistencia de la iglesia es poco significativa en la búsqueda de las almas perdidas. La iglesia es la Agencia más prestigiosa que emprende una actividad, después se detiene al final de la carretera. Podemos emprender un plan de evangelismo hoy y dos semanas más tarde, dejamos todo. Podemos proyectar cosas extraordinarias, pero después cambiamos y cambiamos las cosas sin nunca empezar; ¿Cuántas personas irán a evangelizar mañana? Casi no se pueden contar las manos levantadas, pero cuando llega la hora de cumplir, nadie se presentó y siempre con un montón de excusas; si hubo una campaña y muchas almas se arrepintieron, en tres semanas nadie es capaz de explicar que sucedió con esos nuevos creyentes. La sociedad cristiana es la más irregular, no hay respeto por el tiempo del otro: los creyentes esperan los últimos minutos para llegar a los servicios, pero en el trabajo son puntuales. Podemos asignar responsabilidades a los creyentes hoy y después de un mes, dejan sus cargos sin previo aviso.

Los hombres en el mundo de las tinieblas, los brujos, magos, etc. están obligados a ser persistentes para alcanzar sus objetivos, al contrario, serán severamente castigados, a veces hasta la muerte. Si un hechicero quiere matar a un pastor o a un cristiano, está dispuesto a hacer todo lo posible, algunos ayunan y si sus ayunos no sirven, busca 7 más brujos para ayudarlo bajo un pacto, no importa si llegaran hasta 7 años, si no pueden matarlo, alguien de la familia tendrá que pagar, pero jamás el Diablo quiere que se reporten con las manos vacías ¡oiga esto! Un retardo de un minuto es un error muy grave y el castigo es peor que la muerte. Pero el cristiano siempre dice que Dios lo sabe todo. Él siempre tiene excusas.

Hemos tomado la libertad de decir que los trabajadores que se quedaron en la plaza antes de la última hora, eran probablemente responsables de familia, que tienen obligaciones, que pueden tener un hijo enfermo; tienen que traer la comida porque la casa puede estar vacía. Podemos decir que sus cargos o responsabilidades los obligaron a mantener una persistencia fuera de lo normal. Muchas veces el cristiano necesita el problema, crisis financiera, deuda o enfermedad para orar, tal vez sin trabajo para evangelizar. Por lo tanto, *si no hay persistencia, la Iglesia seguirá siendo un sueño sin arrebato en su realidad.*

Capítulo 6

Las reuniones de los embajadores

Congregarse

El verbo "congregar" en las Escrituras se refiere a: enseñanza, reunir, juntarse, reunión, cohabitarse entre otros. El texto del libro de **Hebreo 10:24-25** nos dio una razón bien clara porque es necesario congregarse; es necesario *estimular el amor* entre los hermanos y *edificarse* para poder permanecer. La congregación puede ser traducida por convocación santa, (Levítico 23, Isaías 4:5) o Asamblea (Isaías 1:13), es la reunión o la fiesta de los (embajadores) santos. Bíblicamente la congregación es el centro de la edificación de los santos. El tema de la edificación se refiere a diversas actividades que sirven para alimentar la fe y el amor como: los cantos, himnos, salmos, testimonios, mensajes (de conocimientos, de sabiduría, de consejos, de ciencia) imparticiones de dones, manifestaciones de dones etc.

Las congregaciones (iglesias o edificios cristianos dedicados para las reuniones) de hoy han desarrollado el concepto de la membresía. ¿Es bueno o malo? Nada es malo si el conjunto de los embajadores decide ordenar humanamente sus actividades para reunirse y edificarse. En la época de la iglesia primitiva, los embajadores del Reino eran perseguidos y las reuniones no eran públicas, se juntaban en casas privadas en secreto; si eras de Laodicea, no había posibilidad de ir a una reunión en Jerusalén o a Filadelfia, había que informarse cuando habrá una reunión en su región y en cuál casa discretamente. Hoy, la libertad de culto nos libró y no es necesario reunirse en una casa; hasta ahora, en muchos países, podemos santificar un edificio para congregarnos. Si el grupo de embajadores está congregado en un edificio, es lógico que tienen ciertas obligaciones para mantener el lugar, ellos forman una comunidad y pueden determinar humanamente la membrecía para dicho lugar. Esto es para contestar muchas preguntas pertinentes. Hay reuniones abiertas y otras privadas para discutir asuntos del lugar. Si un embajador llega a un edificio (asamblea) y quiere ser parte de esa comunidad, humanamente tiene que sujetarse a las normas de esa comunidad. Las normas son malas, si están en contradicción o si chocan con los principios bíblicos, o si estorban la evangelización o "el mover" del Espíritu Santo.

Derribar Paredes

La libertad de celebrar culto nos ha permitido construir edificios grandes para realizar grandes reuniones, sin embargo, a la luz de nuestra observación, los edificios en ciertos puntos, han ralentizado el desarrollo de la expansión de la Agencia Divina. La primera congregación de los santos tenía 120 embajadores (**Hechos 1:15**) que se multiplicó a 3,000 embajadores (**Hechos 2:41**). Es mucho más probable que el local donde se congregaban los primeros 120 embajadores no aguantaba 3,000 personas, por eso los creyentes con casas espaciosas facilitaban sus hogares para reuniones. Queremos detenernos sobre la manera más eficiente de cómo la Iglesia llegó a multiplicarse tan rápido. Según algunos pensadores cristianos, si volvemos a usar la estrategia de los primeros embajadores, la Agencia Divina alcanzará más almas para Cristo en este último tiempo.

Las congregaciones de hoy, en su generalidad, usan un edificio para realizar sus reuniones, por eso un pequeño grupo está trabajando y la gran mayoría no hace nada y no tiene el hábito de hacer nada. Mientras que la Iglesia primitiva no usaba un edificio específico, sino los creyentes usaban sus casas particulares para congregar tanto a su familia como amigos y vecinos; y **los apóstoles como creyentes con más madurez visitaban a las congregaciones pequeñas (Hechos 9:32; 15:36;1 Tesalonicenses 2:1)**: a esas congregaciones pequeñas las llamamos hoy "las células".

Es importante descentralizar la congregación principal para que las células puedan ser operacionales, sin el yugo de las tradiciones ceremoniales. Es necesario desviar la atención de los creyentes sobre el edificio principal o de la congregación principal, para que vuelvan al hábito primitivo de abrir su propia célula. El edificio principal para congregarse tiene demasiadas exigencias, llama demasiado la atención, exige muchos recursos, expresa mucha vanidad, hay una dependencia hacia las figuras principales de la congregación principal, la mente de los creyentes está inclinada más en las ceremonias y la dependencia de estar siempre en el edificio de la congregación principal, porque se ha enseñado que es la casa de Dios. Si todo está inclinado a un solo edificio, es lógico que la mente de los creyentes esté psicológicamente atrapada entre cuatro paredes.

Las células ayudan al sueño de ver en cada creyente su liderazgo, son independientes, más responsables, contribuyen a su desarrollo espiritual y su mirada se enfocará más en Cristo como su líder. En tiempo de madurez espiritual, no se considerarán inferiores a sus pastores y ancianos de la congregación principal, sino que los verán como compañeros y mentores.

Es necesario recordar que no todos tienen la capacidad y la credibilidad de pastorear una célula. Un nuevo creyente sin conocimiento de la palabra y de buen testimonio, necesita ser discipulado antes de ser capaz de ministrar por su propia cuenta. Por eso debe haber reuniones de capacitación especializada para este propósito. Pensamos que el edificio principal de la congregación puede tener uso específico para la capacitación de los santos; y las células serán los campos de trabajo.

Esa transición mental conlleva un costo enorme, esto menguará la asistencia en las ceremonias de ciertos cultos, pero en una convocación general se notarán los frutos. Eso no significa que los creyentes tendrán rienda suelta, sino que estarán estimulados y supervisados por un agente especial, que asesorará lo necesario, para que cada embajador iniciado, llegue a la madurez de ministrar como un buen líder.

Medidas de Seguridad

Por la malicia del día de hoy, yo, personalmente, no estaría tan abierto a recibir gente en mi casa y creo que multitudes lo comparten. La estrategia es realmente espectacular, sin embargo, muchos entran en un lugar, pero no todos son sanos mentalmente. Hay creyentes que no han alcanzado la madurez y son chismosos y es obvio que las células son para recibir nuevos o no creyentes con el fin de la evangelización. No podemos ignorar que ladrones, criminales, violadores, abusadores son capaces de infiltrarse en medio de nosotros, y terminamos lamentándonos por haber abierto nuestras puertas y exponer los bienes, lo privado e incluso nuestras esposas e hijas y también a nuestros esposos e hijos y dejar a "Dalilas", "Lobos" destruir nuestros hogares.

Como vivimos en una era moderna, no hacen falta medidas de seguridad, aunque nos estamos congregando en el nombre de Dios. Aquellos ladrones que no se han liberado de sus vicios, deben ser controlados; y los lugares usados para las células, deberían estar un poco separados de los lugares privados de nuestras casas y estar monitoreados por cámaras, revisar las entradas por si hay armas y objetos capaces de herir a las personas, tener registros de identidad, el uso de los aparatos electrónicos como los teléfonos inteligentes prohibidos o controlados.

Es probable que el vecino le gustaba a su hija, y esas reuniones le abren las puertas para verla más de cerca, y la pobre adolescente que no controla sus impulsos puede estar en otro lugar de la casa mientras estamos bien concentrado en la obra del Señor. No vaya a pensar que Dios vigilará a sus pequeños, él nos encargó de esa tarea y debemos ser responsables. ¡Alguien debe entender mi lenguaje!

Soy Miembro del Cuerpo de Cristo no del Edificio

Se han levantado muchos embajadores disgustados por ciertos problemas internos de las congregaciones y deciden no ser miembro específico de una asamblea, andan de lugar en lugar. He tomado mucho tiempo para reflexionar sobre este tema y analicé, bíblicamente, el concepto *congregarse;* y no he encontrado un versículo que imponga tal obligación a un embajador para congregarse únicamente en un edificio o ser miembro de una congregación especifica. El hecho de que está participando en las reuniones de los santos, indica que está cumpliendo literalmente. Sin embargo, veo una anomalía en un embajador que no quiere involucrarse en una congregación y parece una visita, un extraño sin rumbo. Si está cumpliendo en el creyente el propósito fundamental de congregarse: Estimular el amor y edificarse y con el propósito de realizar la tarea del *Discipulado*, entonces está libre de juicio. Pero si no es así, *se está engañando con su actitud*. Muchos creyentes tienen dificultad para sujetarse a otros, no quieren que los vigilen, que les digan lo que deben hacer, y eligieron no tener una congregación específica para escapar del control de los vigilantes (pastores); esta clase de embajadores puede convertirse en enemiga del Estado porque es aquella con la lengua suelta, criticando, chismeando en la calle con cualquiera, no tiene juicio para saber qué temas hablar ante los no creyentes.

El problema no es que no tenga una congregación específica, sino que tenga un problema espiritual que le pueda llevar a la perdición, porque: es arrogante, rebelde, amargado, resentido con alguien de una congregación específica, celoso, envidioso, tal vez quiere la posición o tomar el servicio de otros; las cosas deberían estar como piensa él; en resumen, dentro de su corazón hay una falta de perdón. Lo peor de esa clase de creyentes, es estar amargados, maldecidos con falta de perdón, e irse sin resolverlo a otra congregación para iniciar nuevamente. He conversado con muchos que no son miembros de una comunidad y encontré esas anomalías en ellos. Otros son así, pero rehúsan abandonar la congregación, sin involucrase, son peores porque están constantemente criticando, ~~murmurando~~, en contiendas, siendo un estorbo para otros; todo lo que ocurre internamente en la vida de los santos, está en la red pública. ¿Hay que echarlo fuera de la congregación? Nadie tiene este poder para impedirle asistir a una reunión abierta (cultos o servicios, estudios bíblicos etc.), pero no puede ser fuente de *EDIFICACIÓN* en la congregación.

No Estoy a gusto con ninguna Congregación, Levantaré la mía

Los embajadores que son incapaces de armonizar con alguna congregación, no tienen el mérito de levantar congregación alguna o dirigir espiritualmente una. No será posible para ellos armonizar con nadie en su proyecto, porque cada persona deberá someterse a ellos; y ellos a nadie; se harán las cosas a su manera, y si no es así la persona deberá dejar su congregación. Generalmente, líderes que piensan de esta manera son aquellos que fueron marcados por la actitud de su mentor o, mejor dicho, los echaron fuera de sus congregaciones. A veces, son esa clase de embajadores con la mente torcida, creyendo que la congregación es un negocio personal y la membresía, su trofeo, es con esa clase que empezamos a enemistarnos por eso hemos observado pastores arrogantes, sin humildad, que maltratan verbalmente al rebaño de Cristo. Hay ministros que no desean ver que otros vuelen alto, quieren estar en las alturas; si se va abrir una obra en un nuevo campo, aquel que tiene la visión, tiene que seguir bajo su liderazgo, con las normas de su congregación, y si no acepta los términos, no tendrá ayuda para nada. En el lugar de cooperar, se aleja y dice: déjame ver como él va a levantar la obra a mano pelada. Puede ser más grave aún, cuando llama a ministros de otras congregaciones para hablar mal del otro y cerrarle la fraternización para quedarse como la oveja negra, *¡alguien debe entender mi lenguaje!*

Una categoría de embajador, sin la mente de Cristo, no llevará una vida espiritual sana, aunque en apariencia se notará que profesionalmente bien, predica bien, tiene la apariencia de la humildad, una sonrisa que muestra amor a los demás, puede liderar una congregación grande, pero en el fondo está herido, resentido, amargado, tiene visión y mente chiquitas y lleva en su alma esos males, por eso su congregación no podrá prosperar espiritualmente, aunque sea grande, y los creyentes pueden caer en una mala nutrición (edificar con carencia de los fundamentos espirituales). Por eso, en muchas congregaciones, una sola persona quiere controlarlo todo y cree que todos están por debajo de él; Recuerden estas palabras:

Someteos unos a otros en el temor de Dios.

Efesios 5:21

La multiplicación de las congregaciones es símbolo de expansión, pero la mutación genera dolores y heridas profundas en el cuerpo. Una mutación de una congregación es un grupo disgustado que se divide para levantar otra congregación, sin querer simpatizar con la congregación de origen; por lo que resulta de la mutación, dicho grupo no quiere confraternizar. Puede prosperar en membresía, pero si hay enemistad viola y traiciona la mente de Cristo.

Así que los líderes que no tienen la mente sana, tienden a obsesionarse con el control, no están abiertos para la fraternización, aunque sea para Cristo, no quieren de ninguna manera que un miembro de su congregación vaya a visitar a otra congregación sin su permiso. Se toman, arrogantemente, el privilegio de viajar y visitar a otras congregaciones, pero a los demás no se lo permiten.

¿Quién es la Cabeza de la Agencia Divina?

Esta pregunta podría ser objeto de discusión. El cuerpo del liderazgo de las congregaciones se ha considerado como cabeza. Ser cabeza significa el centro de mando, la parte que dirige o que gobierna el resto del cuerpo. La cabeza de la Agencia es Cristo, y los líderes conforme a sus propósitos están para guiar y levantar a otros líderes, porque todos los creyentes están llamados para ser líderes, por eso la Escritura dice que somos una nación de reyes y sacerdotes; y, **en el reino de Cristo, los ciudadanos no gobiernan a sus conciudadanos, sino que sirven unos a los otros y viceversa**. Todos somos parte del cuerpo, con funciones distintas al servicio de Dios. Pretender ser cabeza, lleva a los demás a adoptar una posición pasiva y estorba el desarrollo de su real identidad como reyes y sacerdotes, mentalmente.

¿El Local de la Congregación es Bien Común o Personal?

Este tema es muy delicado. Nos tomamos varios días meditando y analizando el aspecto histórico de la Agencia Divina, desde Cristo, que la fundó hasta los primeros apóstoles para saber cómo se manejaba el asunto de los locales de reuniones. Creemos que este tema debe ser bien reflexionado y a la luz del Espíritu Santo para ser justo y evitar mal entendimiento y desacuerdos entre los embajadores del Reino de Dios.

Para ayudar a la comprensión, tomaremos un caso real sin mencionar nombres.

Un pastor lleno de fuego para la causa del Reino, decidió dar todo al señor, su Dios. Tenía un terreno propio y desde su corazón, decidió levantar un edificio para la congregación de los santos, con mucho sudor, lucha y mucho dolor. Años después, tuvo un hijo con una mujer cristiana que se apartaron del camino poco antes de su muerte. El local parecía atractivo para otro fin al hijo, descubrió que es parte de su herencia familiar. Como su padre era un amante de la obra, dedicó todos sus recursos, sin dejar nada para la alimentación de su familia, el único bien era un gran terreno con un hermoso edificio donde se congregaba un gran número de santos. Entonces, inició un proceso judicial para recuperar el local y el terreno. Pronto los embajadores tuvieron que buscar otro local para congregarse.

Muchos hermanos estaban disgustados por lo que sucedió y esto causó divisiones. La historia contó que la congregación se convirtió en un cristal roto en mil pedazos.

Reflexión...

Este caso es uno de los miles de casos donde el local de la congregación es un bien personal. ¿Es bueno o malo?

Desde el inicio de la Iglesia, todos los locales eran sinagogas y casas prestadas para las reuniones de los santos, por eso, Saulo entraba de casa en casa para hallar a los creyentes sorprendidos en sus reuniones (**Hechos 8:3/ 9:21**). Gente de buena fe y generosa facilitaba a los rabinos de buena reputación sus aposentos personales para fines específicos, como lo hemos visto con Jesús cuando estaba en necesidad de celebrar la Pascua (**Mateo 26:17-18**); los 120 discípulos en el aposento alto, los días de Pentecostés, estaban en una casa donde moraban los 11 apóstoles (**Hechos 1:12-14**). Los embajadores primitivos no tenían locales legalmente para las reuniones, su enfoque estaba en la palabra y el programa de distribución alimenticia (**Hechos 6:2-3**). Los recursos acumulados por medio de las OFRENDAS voluntarias, servían para atender necesidades básicas de los necesitados de la misma congregación (**Hechos 4:32-37**).

Basándonos en el contexto y el modelo histórico, entendemos que cualquier cosa personal, ya sea su carro, su piscina, su computadora, su talento, su conocimiento, su influencia, su casa, una herencia familiar, es algo que Dios te dio a ti como administrador, y, en cualquier momento, lo puedes facilitar a otros para el bien del Reino de Dios. Y como administrador, puedes decidir los términos de uso. También es muy grave afirmar públicamente, un artefacto que era suyo y lo dedicaste al bien común ante la congregación de los santos y ante el Espíritu Santo, sin embargo, no está disponible sinceramente para los santos como sucedió con Ananías y Safira (**Hechos 5:1-11**). No hay nada que exigía vender su herencia y llevar todo su valor a la congregación, pero esa pareja dijo que todo el valor del terreno estaba para el bien común mientras en secreto, tenían guardado una parte para sus usos personales y engañaban a la congregación de los santos. ¡Ten mucho cuidado con las cosas que se dedican para el bien común de los santos!

Meditando sobre el caso anterior, en mi humilde opinión, tanto el pastor como su hijo actuaron de forma correcta: el pastor construyó un edificio y lo facilitó a los santos durante los días de su vida, lo hacía para Dios; su hijo decidió poner el edificio al uso familiar, también es justo. Si el hijo actuó mal, es porque su padre no confirmó claramente que el bien era definitivamente común. Bajo tal circunstancia, la posesión de su padre pasó a su nombre y tiene el derecho de decidir si quiere seguir facilitando el bien que su padre dejó legalmente. A menos que la congregación decida negociar con él para comprárselo.

Con dolor del alma, queremos que cada hermano sea consciente y justo para no juzgar al otro injustamente. El edificio legalmente era un bien familiar y volvió al uso de la familia; como cuando facilitas tu vehículo para llevar a un hermano para su casa o el espejo de tu cartera para que una hermana pueda ver su rostro, entre otros. El hijo no destruyó a la congregación como muchos lo pensaron, por eso queremos recordar que las congregaciones no son paredes, sino piedras vivientes que sirven a Dios.

¿Si es un bien personal, dejarás de Ofrendar?

En este caso, el creyente tiene 2 opciones:

Si no está a gusto, que busque otra congregación donde estará bien, sin tener que criticar y difamar, ofrendando con alegría como fue escrito para su Señor y Dios.

Quedarse sin murmuración, aportando con alegría como fue escrito, sabiendo que jamás sus ofrendas son para los hombres sino son para su Dios y Padre.

Deja a los mercenarios engordar, porque el Dueño es aquel que tiene la autoridad para juzgar justamente. *Jamás dejarás de ofrendar* porque es un deber y un mandato de Dios para la causa del Reino.

Astucia Congregacional

Hay líderes que reúnen a su congregación con el fin de edificar un local y las compras de otros artefactos de gran valor para las reuniones. El edificio como los artefactos, son una contribución de muchos, son bienes comunes, y cualquiera que lo convierta en un bien personal no actúa bien. **Es una estafa recolectar fondos para algo en común, pero realmente es algo personal a la vista jurídica.**

Líderes han engañado a muchos, comprando terrenos, construyendo edificios con recursos comunes, pero los papeleos dicen que son sus bienes personales. Y cuando su testimonio está afectado, pierden su credibilidad, y la congregación se reúne con ellos para relevar su liderazgo de la congregación, descubren que es imposible porque son dueños y soberanos. Después de sus muertes, estos bienes pasaran a sus descendencias.

En esas congregaciones, los ancianos, diáconos, son figuras de adornos, no tienen voto real. Cualquiera que no se alinee al lado del líder, dueño y soberano, es quitado y exiliado de la congregación.

Queremos llamar la atención de los embajadores sobre esos casos, porque hemos encontrado a muchos creyentes heridos. Creemos que la transparencia es necesaria y la congregación tiene el derecho a las informaciones más íntimas sobre la administración, como contribuidora y nada debería ser comprado o vendido sin la aprobación de toda la congregación estrictamente relacionada y directamente involucrada.

Estar por su Cuenta

Ninguna congregación es perfecta; **es el propósito de la Agencia lo que es perfecto.** La congregación está compuesta de exvioladores, excriminales, mentirosos, etc., redimidos por Cristo; por tanto, son seres humanos y pecadores, y la mezcla de todos los santos humanamente nunca será perfecta. En el seno de una familia, a veces hay discusiones y diferencias, pero se ponen de acuerdo. Nadie puede sobrevivir por su cuenta, si no permanece unido al cuerpo de Cristo, y el cuerpo de Cristo es el conjunto de los embajadores. Si no puede estar en harmonía con el conjunto, es una mentira del Diablo, si cree que está en el cuerpo. La Escritura dice: amar uno al otro; vigilar sobre uno al otro; edificar uno al otro; orar uno por el otro; perdonar uno al otro; sujetarse uno al otro; buscar la paz con todos.

Pues, en primer lugar, cuando os reunís como iglesia, oigo que hay entre vosotros divisiones; y en parte lo creo. Porque es preciso que entre vosotros haya disensiones, para que se hagan manifiestos entre vosotros los que son aprobados.

1 Corintios 11:18-19

Hay otro grupo compuesto por mercenarios, que no tiene ninguna congregación. Se dice: "Yo y mi casa, serviremos a Jehová". ¿Quién podrá estar en contra de esto? Esa clase de ministros son mercenarios, están allí esperando invitaciones para predicar en congregaciones con una tarifa. No se moverán a orar o predicar si no hay plata; no están buscando a los necesitados, sino a aquellos que tienen recursos para "bendecirlos". Esos mercenarios fueron perfeccionados en sus artes de predicar, de orar hasta profetizar. Cuando llegan, saben cómo mover a la multitud, saben qué palabra decir, ¿se mueve el Espíritu? Claro que sí, él no va dejar de obrar porque un mercenario trabajó para cobrar. El gran problema de ellos, es cargar a su familia sin querer congregarse, quieren levantar su propia obra o apuestan con las congregaciones grandes que esperan contratarlos. Pero para que seas un hombre de unción, un evangelista o un apóstol, tienes que congregarte y servir fielmente a tu Señor, para la edificación de los santos.

Congregaciones Grandes y Pequeñas

El tema de las congregaciones grandes se ha vuelto muy atractivo en la sociedad de hoy. Por otro lado, muchas veces las congregaciones pequeñas parecen pobres, sin una buena comodidad, sin buena música, con mucho ruido etc., y la gente no desea congregarse por muchos motivos. Como dice la Escritura, *"no hay nada nuevo bajo el sol"*, es la misma mente antigua de nuestros ancestros bíblicos, que siempre deseaban edificios grandes y lujosos para agradar a Jehová, de la misma manera que los paganos lo hacen para sus dioses. Lo lujoso en las congregaciones tanto grandes como pequeñas, no es el centro del interés del Rey. Cristo mide una congregación de otra manera, lo que es grande para los hombres puede ser pequeño para Cristo y lo que es pequeño para los hombres puede ser grande para el Rey de reyes.

La Escritura no limitó la cantidad de creyentes de una asamblea, ni tampoco dice lo que debemos poner en las reuniones, así, no podemos criticar a las congregaciones con edificios grandes, ni tampoco a las pequeñas, porque cada una es para el Señor.

Como dijo el Dr. José Ernesto Zabala: *"La medida de los pies determinará la de los zapatos"*. Si la visión del líder es pequeña, es normal que la congregación será pequeña. Si la congregación era grande en número y se redujo considerablemente puede ser que la visión de los lideres fue limitada también, no estaban suficientemente formados para gestionar tal cantidad; tampoco es culpa de ellos, porque es el Espíritu Santo que tiene realmente el control absoluto. El hecho de que la membresía disminuya, no significa que la congregación fracasó, no sabemos si aquellos que se fueron sirven a un propósito para el Rey, ¡Dios solamente lo sabe! La congregación debe estar creciendo espiritualmente y físicamente. Por eso debemos pensar en grande. Una congregación pequeña puede ser grande en número si se centraliza sus recursos en el evangelismo y el discipulado y una grande puede ser pequeña si no capacita a los creyentes y deja de evangelizar. Si no hay evangelismo, no crecerá ninguna.

Las congregaciones grandes, por ser grandes, atraen a la multitud. Me senté una vez con el doctor y apóstol Zabala, y aprendí esto: "los nuevos creyentes son los más que llevan nuevas almas a la congregación. Los viejos, por tener muchos años en el camino, han cambiado a la mayoría de sus amistades, sus frecuentaciones; y, por tener un entorno únicamente cristiano, difícilmente atraen a los no-creyentes. Mientras que el nuevo creyente está en una reciente lucha de salir del viejo entorno, puede invitar a sus amigos más cercanos a los pies de Cristo. Una congregación que recibe nuevos creyentes puede esperar multiplicación en número. Una congregación en carencia de jóvenes, su crecimiento en número estará muy lento. Los jóvenes atraen jóvenes. La calidad de la enseñanza, determinará la fuerza de esa congregación".

Se puede construir un edificio del tamaño de un estadio para 50 mil personas, si no tiene estructura para discipular a los creyentes, consolidar y enviarlos, esa congregación no alcanzará un verdadero crecimiento.

Una congregación no es grande porque el número es considerado, sino **por el trabajo de calidad espiritual que brinde en la sociedad para su Rey**. El amor entre los hermanos y la vida espiritual de los creyentes de esa congregación es lo que importa al Señor. Cuando Jesús se le apareció a Juan, él confirmó este hecho. Así que, al enfocarse en el amor y el evangelismo, y capacitando a los creyentes podrá cumplir con el propósito divino y vivir con la mente de Cristo.

La Congregación y Casa de Dios

El edificio donde se congregan los santos, no es la casa de Dios. El Antiguo Testamento dio una figura de la presencia de Dios en el templo de Jerusalén, pero Dios había dicho que no habita en casas construidas por manos de hombres. El verdadero templo, donde Dios proyectó vivir, está dentro del hombre. Al hacer de nosotros su cuerpo, sopla el Espíritu Santo en nosotros, y el Padre Dios mora en cada uno de nosotros, jamás un edificio volverá a simbolizar la morada de Dios. Así que, cuando vas a la congregación, no vas a buscar a Dios, no vas a buscar su presencia porque está en ti, ERES LA CASA QUE DIOS CONSTRUYÓ DESDE EL PRINCIPIO PARA ÉL. De hecho, se congrega para estimular el amor y edificarse. Tu intimidad con Dios es un asunto personal y a diario en tu vida.

Un hermano me dijo: ¿Cuándo voy para la iglesia siento la presencia de Dios? Aquel que piensa así o que se siente así, se equivocó. La congregación edifica, procura alegría y es lógico que sientes algunas emociones, pero no es la presencia de Dios. El término "presencia de Dios" no apareció en el nuevo testamento. Este término se usaba en el tabernáculo o el templo para mostrar señales que Dios estaba atento o presente. Robaron el Arca del pacto y Jehová lo permitió, pero el pueblo que lo robó no sintió la presencia, era solamente un mueble de oro. Así que un ladrón podría entrar en el local de la congregación y robar lo que sea y no llevará con él la presencia de Dios. Buscar la presencia para el pueblo era subir a Jerusalén, donde estaba el templo, esto implicaba un movimiento físico y no es que se hallaba porque no era posible. Buscar alguien es disponer recursos, inventar la forma para hallarlo y la humanidad no tiene recursos para hallar a Dios porque es espiritual, pero ahora el creyente es espiritual, y no es que el creyente lo puede buscar sino puede entrar en comunicación con Él por medio del Espíritu Santo. Por eso ahora no tenemos presencia ni la buscamos, sino que tenemos la ESENCIA y SUSTANCIA DE DIOS en nosotros.

El Mensaje para la Iglesia y del Mundo

Por falta de formación y entendimiento, muchos embajadores del Reino de Dios no tienen claramente lo que deben decir exactamente a aquellos curiosos que tienen interés de saber y conocer de qué se trata la Agencia Divina en esta tierra. Y por no tener bien claro y definido el mensaje, proyectamos una imagen incorrecta de Dios y del Reino. Y por fin estamos completamente divorciados de la política y la visión del Reino.

En la Escritura, hay un mensaje especial que tiene que ver únicamente con la supervivencia de los embajadores, sus deberes personales y comunes ante el gobierno divino que lo instauró y un mensaje para aquellos que no son de la familia. Y, por cierto, la gran mayoría ha ligado el mensaje, por esa razón multitudes se van a perder y parece que a muchos embajadores no les importa ese drama.

El tema de la adoración, la cuestión de la comida y bebida, la circuncisión, la vestimenta, los comportamientos, el carácter de cada embajador del reino, son asuntos internos de la Agencia divina para que la familia siga agradando a su Rey y así mismo porque el mismo Rey dio libertad y poder a cada embajador de juzgar lo bueno y lo malo para los demás y para sí mismo. Los embajadores tienen ciertas libertades en la medida en que no comprometen la imagen y política del reino. Por esa misma y única razón, la Iglesia de Cristo no es una religión.

El mensaje que concierne específicamente a los **pecadores no justificados** por el gobierno de Dios es simple: que el reino de Dios se acerca y que se arrepientan de sus malas conductas; Cristo murió y resucitó para redimir a todas las personas pecadoras, ofreció el perdón del pecado y reconcilió a aquellos que creen en Él con Dios, ofreció salvación y vida eterna. Cualquiera que crea en él, es declarado hijo de Dios y es parte de la familia. *Todo el mensaje que* *está dirigido a aquellos que no son parte de la familia de Dios está basado sobre el gran amor de Dios.* El pecador debe ver, en primer lugar, el amor que obligó a Dios para salvarlo. Pero no empieza a criticar su modo de vivir para que cambie porque él no tiene poder para cambiarse a sí mismo, es el Espíritu Santo, el consolador y que convence al mundo del pecado que llevará a cabo esa tarea en el pecador arrepentido.

Los embajadores no tienen derecho en hacer amenazas, asustar a la gente del castigo de Dios, juzgar y hacer sentir mal a las personas, destrozar su autoestima para doblegar sus voluntades para ser parte de la familia de Dios. Por esa razón, las multitudes están en la Agencia por miedo y no conocen la política y la visión del reino y, por eso, no conocen a Dios. Y porque no fueron atraídos por el amor, sino por el miedo, no pueden convivir en el perfecto amor y no podrán expandir el mensaje del amor de Dios.

Capítulo 7
La mente patriarcal no es la mente de Cristo

El Fantasma de la Iglesia

Nos disculpamos por usar un término tan delirante a la noble Agencia divina. Los hijos de Dios están en una necesidad urgente para conocer como es Dios. Jehová usó un pacto mosaico para enviar un mensaje al mundo y entró a la humanidad en el tiempo de un nuevo pacto eterno, pero el viejo pacto sigue siendo la fuente de los patrones de conducta de muchos de los hijos de Dios. Arrastramos costumbres y tradiciones patriarcales que no sirven de nada para la causa de la política del Reino. Lo peor de todo es, por no saber: ¿el Por qué?, ¿Para qué? ¿Cuándo y cómo?, el propósito de Dios en las cosas que acontecieron, heredamos una imagen de Dios que es falsa.

Nos falta decir que cualquiera que lea el viejo pacto en las Escrituras tendrá que estar asustado, destrozado y atemorizado por las acciones que se hicieron en el nombre de Dios. Hemos visto en la historia de la humanidad muchas intervenciones de Dios que nos enseñan: un Dios castigador, vengativo, lleno de ira, asustador, que mató gente, destruyó ciudades, ordenó matanza hasta de mujeres embarazadas y bebés inocentes, muchas veces ni siquiera perdonaba la vida de los animales, vimos maldiciones de todo tipo. Realmente, leer todas esas cosas, nos inspira miedo de Dios. Por eso, cualquier prueba, dificultad, hambre, necesidades, creemos que Dios nos está castigando, que nos abandonó, que nos rechazó, que nos entregó al Diablo y un sin número de cosas similares. Si un hermano está en una gran necesidad, es porque está bajo una maldición, porque las maldiciones de Israel llegaron con el pecado. Por eso, un hermano en necesidad, no puede ser apóstol, a menos que ande con guardaespaldas y tenga plata: si tiene necesidades, no ostenta poder para nosotros.

Tengo la autoridad para decir que Dios no es como se pintó en el viejo pacto, los que conocen a Dios saben que muchas cosas que fueron escritas no dieron a conocer a Dios, el viejo pacto fue incapaz de darnos a conocer a Dios, el único que tenía este poder era Jesús, el Hijo de Dios, por eso fue necesario que él mismo se revelara a nosotros.

Ahora bien, porque Dios se manifestó para revelársenos, y porque nadie lo conocía, entonces solamente en la persona de Jesús podemos ver y conocer como es Dios.

Padre justo, **el mundo no te ha conocido***, pero yo te he conocido, y éstos han conocido que tú me enviaste.*

Juan 17:25

Todas las cosas me fueron entregadas por mi Padre; y nadie conoce al Hijo, sino el Padre, **ni al Padre co-**

noce alguno, sino el Hijo, *y aquel a quien el Hijo lo quiera revelar.*

Mateo 11:27

Romper con la Mentalidad Patriarcal

Muchas de las cosas que hemos aprendido, no tienen ningún fundamento bíblico y otras no sirven para nada en el tiempo de la gracia; no estamos llamados a vivir con la mente de Moisés, de Abraham, ni tampoco con la mente de David, sino con la mente de Cristo. Hay un sin número de cosas que practicamos y que estorban nuestro entendimiento acerca de Dios, de lo que somos y de lo que deberíamos hacer, quiero mencionar algunas:

El lugar santísimo: el tabernáculo, con todos los objetos, no era nada en sí mismo, excepto cosas para proyectar mensajes a nosotros hoy. Si no tienes el verdadero significado de los objetos del templo, entonces ¿para qué sirven? Usar objetos para transmitir un mensaje, no hace al objeto importante, es el mensaje lo que importa. No se puede comprender algo figurado como se entiende algo literal, un gran porcentaje del contenido de la Biblia se transmite a través de figuras retóricas y símbolos.

Me gustaría repetir unas palabras del teólogo **Dr. José Morales** sobre el proceso de la comunicación divina cuando dijo: este proceso comienza con *la gra-*

fía para representar palabras, Las palabras son para representar conceptos, Los conceptos son para representar ideas, las ideas son para representar verdades y las verdades son para llegar a las vidas. Así que las cosas del viejo testamento eran ideas para representar verdades de la Verdad, con el fin de llegar a la vida del creyente, el verdadero blanco; y si nos llegó la Verdad, ¿por qué seguir enfocándose en palabras, conceptos o ideas?

El tabernáculo nos enseñó la gran dificultad de acceder a la presencia de Dios, la imposibilidad de presentarse con sus ofrendas, que son expresiones de la adoración por sí solas y solamente por un intermediario una vez al año. Cuando murió Cristo se modificó este diseño y por cierto la modificación de esta ecuación provocó un nuevo resultado: No hay un lugar santísimo en ninguna parte, <u>el corazón del creyente es el lugar donde mora Dios</u> y era la verdad donde Dios quería llegar para mostrar lo importante que es. Las diferentes partes del tabernáculo, mostraron grados de santidad y muros de separaciones; esto es para que hoy el creyente no vuelva a levantar muros si Dios mismo destruyó sus muros.

Hay creyentes que no se han divorciado mentalmente de este viejo diseño, creen que el lugar donde se suben los músicos y los pastores es más santo; he escuchado a algunas amigas personales que me han confesado que ni siquiera podrían limpiar el altar sin haber sido antes bautizadas, solamente los baños. Se podría tener un sombrero dentro del edificio, pero sobre el altar hay que tener respeto. No hay nada espiritual en esas actitudes, son esquemas que tienen que desaparecer en la madurez espiritual.

Quiero bautizarme: ¡Pastor, quiero ser bautizado! Dice un creyente. Muchos líderes de congregaciones de ahora, dan más importancia a las normas y reglas de los hombres que a la voluntad de Dios sobre muchas cosas, ahora se preocupan más de la vida privada de las personas antes de bautizarlas, es decir, que si la persona, aunque confesara que Cristo es el Señor y que creyera de todo corazón, no sería suficiente para recibir las aguas del bautismo, y ese no fue el mandato del Rey Jesús, le están exigiendo algo más. Ese algo que exigen de la persona, por muchas razones, requiere un proceso, y como el proceso puede tardar un tiempo, la persona permanece en la congregación sin ser bautizada, pero con una inseguridad y se siente menos dentro de la congregación. Al parecer se ve bien, y los lideres se justifican con precauciones, pero queremos llamar al pueblo a la reflexión sobre el tema.

Un caso real:

Una pareja que evangelicé, se convirtió al Señor y les aconsejé elegir una congragación para compartir con los hermanos en la fe. Resulta que después de más de 2 años, no podían ser bautizados, porque no eran casados y tenían una niña. Los ingresos del esposo no podían cubrir ciertos gastos del papeleo para casarse, entre otros asuntos. Pasaron tiempo con el deseo de ser bautizados, pero algo ocurrió entre la pareja y se separaron.

Me comentó el varón que el pastor le ofreció la posibilidad de bautizarlo porque estaba separado. Significa que la destrucción del hogar era la victoria para salir del pecado.

Muchas personas están en la iglesia en comunión con Dios, pero el pastor no quiere bautizarlas porque dice que están en fornicación; la sierva quiere bautizarse, pero el hombre no es cristiano y no quiere firmar los papeles, pero viven juntos fielmente y con hijos. Aun así, pueden ofrendar y diezmar, participar en las oraciones y alabar a Dios, la llaman hermana en Cristo, pero tiene la etiqueta de fornicadora, se va para el infierno, ¿Por qué aceptan las ofrendas y los diezmos, por que usarla en los servicios de la congregación si se va a perder? ¿Por qué no puede sentir la libertad de Cristo, aunque su pareja no sea creyente? ¿Después que el eunuco creyó y se confesó, qué le impidió bautizarse? ¿Investigaron que era homosexual, que estaba en conflicto con su familia, que era hechicero o un asesino? Por favor, contesta esas preguntas.

Ahora viene la pregunta más atrevida y más pertinente de todas, esta chocaría fuertemente con su mente: ¿Quién tiene el derecho de bautizar a una persona? Hasta ahora, no he visto que La Escritura apunte a una clase de persona, sino que el Rey Jesús dio una orden a todos los embajadores de bautizar a aquellos que creyeran de todo corazón. ¿Pero, hermanos, será un caos si todos tienen este privilegio, si hay tantos falsos creyentes?

Pregúntaselo al Rey Jesús, ¿y no es ahora que había falsos ministros?, tal vez el ministro que te bautizó renunció a Jesús, ¿se dañó tu bautismo? ¿Tendrías que bautizarte de nuevo? De ninguna manera; desde el primer siglo del nacimiento de la Iglesia y su crecimiento no se detuvo. El trabajo nuestro no es controlar la expansión del Reino sino enseñar a los nuevos creyentes para que sean maduros espiritualmente, capaces de proclamarse independientes y libres.

¿Favorecerá al crecimiento de la congregación? Tal vez no es el punto, pero el sistema religioso se equivocó al hacer creer al creyente que el bautismo es una tarea pastoral. Nadie tiene la autorización del Rey para distorsionar sus enseñanzas ni su voluntad. Al menos, exponer el tema de esa forma, despertará la conciencia de todos, que tenemos poder y derecho.

¿Hermano, hay muchos creyentes que quieren bautizarse? Es un hecho real, porque se ha creado una mentalidad que no debes tener líos, ni pecado, ni impurezas para ser realmente miembro de Cristo o de la congregación en lugar de creer en sus mentes que la libertad llega con el conocimiento de la Verdad; como se sienten presos de ciertos vicios o líos que pueden tomar tiempo, se conformen a la mentalidad religiosa.

Conocer la Verdad no es escuchar la palabra, sino interactuar con la Verdad a diario. Se ha notado que saben de memoria lo que no pueden hacer, las normas y reglamentos, sin conocer lo que es y cómo es Dios. Conocer a Dios, cambiará a la persona. Así que **el bautismo no está para una persona cambiada sino para una persona que cree que Dios lo va cambiar**.

La Pirámide: los sacerdotes y levitas tenían todas las responsabilidades de las ceremonias y el pueblo no podía hacer nada porque no tenía ninguna calificación para cumplir lo que Dios ordenó a Moisés. Este diseño no se ha quebrantado en la mente de los creyentes hoy. Cuando Martin Lutero revolucionó las enseñanzas del catolicismo sobre la misa, no modificó tampoco el diseño estructural: el altar tomó el lugar de la misa; los pastores tomaron el lugar de los sacerdotes y el resto sentado en los bancos para escuchar y decir amén. Se han tomado tanto privilegio que los que están sentados no saben si son embajadores, solamente ovejas dependiendo de los pastores y por más que queremos, no van hacer nada porque son ovejas para un edificio.

Si quieren tener privilegios, hay que ser fiel a la congregación, y eso creó en la mente de la mayoría que el campo de trabajo de un cristiano está en el edificio del templo. Muchos líderes no se dieron cuenta que, al centralizar todas las actividades, los recursos por y para el edificio son autores de esquema mental, la lucha para estar en el púlpito. Los pastores o los líderes no son los únicos que vigilan las almas, es tarea nuestra vigilarnos unos a los otros. ¿Estamos quitando el poder a los pastores? No. Ciertamente, predicar la igualdad de los embajadores va a contribuir al desarrollo de muchos y despertará más el sentido de responsabilidad. Así recordaremos que debemos sujetarnos a los pastores porque velan por nuestras almas y ellos también se sujetarán a sus hermanos en la fe y en el temor a Dios.

¿Es el pastor el líder principal de una congregación?

Cuando Juan tuvo la visión, el dueño de la Agencia tenía los 7 candelabros a su alrededor, que simbolizaban las congregaciones y 7 estrellas en su mano, que representaban a los ángeles de las iglesias, y la carta se dirigió a la iglesia, pero apuntaba al líder. Ciertamente y bíblicamente las congregaciones deben tener un líder principal que mantenga en guardia a todos los que están edificando a los santos.

No tenemos datos concluyentes que confirmen bíblicamente sobre lo que eran todos pastores: la palabra "ángel" se refiere a mensajero, y por lo que sabemos, un apóstol, un pastor, un evangelista o un profeta son una clase de ángel o mensajero de Dios. Entonces, el líder principal puede ser un pastor, o un profeta o un evangelista, o uno de los cinco ministerios.

En la Agencia divina, las funciones de cada embajador no son piramidales, sino un servicio para edificar, el hecho de que la mano derecha se use más en el cuerpo no la hace superior. Cada embajador tiene algo para edificar a los demás, el diseño de Cristo no es instaurar pirámides. Los discípulos discutieron el tema con Jesús porque querían saber quién será el más grande dentro del grupo. Deja de envidiar la posición pastoral o a los líderes, ponte a *servir* fuera del edificio de la congregación, empezando por tu casa y serás grande.

El modelo pirámide es un típico ser humano que no será posible separar de la vida social porque todo el sistema de la vida humana está diseñado con el modelo pirámide. Y la Iglesia, aunque sea espiritual, tiene una existencia humana y trabaja bajo contexto socio-cultural. Así que, hermano y discípulo de Cristo, su congregación tiene un líder que vigila por sus almas y puede impedir a los sospechosos del espíritu de Jezabel (hombres y mujeres seductores), de Balaám (mercenarios y amigos de la plata), entre otros, el predicar o enseñar en la congregación.

Mis Ovejas: los pastores velan por las almas, pero las almas no son de ellos, entonces la oveja no es de nadie, es de Cristo, todos son ovejas. Jesús nunca dijo a Pedro: *cuida tus ovejas*, pero dijo: *cuida MIS ovejas* (**Juan 21:16**). Los creyentes no son miembros de ningún edificio, son miembro del cuerpo de Cristo, pero si están en una congregación precisa, tienen deberes entre los hermanos más cercanos del cuerpo de Cristo; ¿Por qué no pueden participar en programas espirituales de otras congregaciones? La mayoría de las congregaciones tratan de controlar a los creyentes para que no se vayan para otros edificios congregacionales. El cuerpo está unificado, deberíamos compartir juntos para recordar que **somos uno**, pero con orden.

Sin embargo, no podemos olvidar que, aunque tengamos la libertad de congregarnos donde nos sea posible, el factor de los falsos profetas, gente con falsa doctrina, pesa mucho y es prudente que aquellos con poca profundidad en la palabra de Dios acudan a sus líderes y vigilantes para recibir consejos y hasta compartir lo que escucharon o dar un reporte del mensaje para revisar y detectar que una mala semilla no se haya sembrado en sus corazones.

¿Quién **puede predicar**? El hecho de que todos son embajadores del reino no significa que todos tienen el mismo nivel de conocimiento y experiencia. No todos dominan el arte de hablar. Siglos atrás, antes de Cristo, los Sofistas revolucionaron el arte de hablar, multitudes venían de todos los lugares para escucharlos, se llenaban estadios, ya todos no podían cautivar la atención de la multitud si no era un sofista. Este diseño pagano ha influenciado a todas las costumbres y pueblos de la tierra. Antes de la aparición de los sofistas, vimos que Moisés, el líder, no era el que hablaba sino su hermano porque dominaba mejor el arte de hablar. ¿Entonces él habla mejor? No hemos dicho esto. El que tiene el conocimiento y que tiene la capacidad de transmitir fiablemente el mensaje tiene el mérito. Moisés tenía el conocimiento, pero Aarón tenía el arte, pero él enseñó a Aarón lo que él debía decir y Aarón tenía la técnica para transmitir el mensaje. Si el líder tiene el conocimiento y crees que dominas más el arte de hablar, déjate enseñar por él. Se necesita a alguien con el mérito para edificar y enseñar a los embajadores, pero el anhelo de predicar no debe estar en los edificios de reuniones de los santos sino donde están las almas perdidas.

Me gusta el Esquema Ministerial

Algunos podrían pensar que estamos en conflicto con los líderes o pastores, soy un líder y tengo amigos pastores, son saludables y buenos. *Esta espada en mis manos puede herir a cualquiera con la intención de detener la verdad,* pero está dirigida especialmente a los fariseos y vagos que están sentados en la congregación. Es cómodo de llegar a una congregación donde el edificio está ya bien amueblado y con mucha gente; es cómodo pasar la semana sin escudriñar la palabra porque los evangelistas y los maestros tienen que hacerlo por ti y tú tienes que venir para escuchar; es cómodo pedir oraciones para ti y para tu familia, mientras tú no tienes el tiempo para pelear tu batalla; es cómodo disfrutar un buen sermón animado y llevar a tu amigo porque no lo puedes hacer; es cómodo estar sentado, criticando, chismeando sobre el liderazgo y sobre los hermanos porque no eres líder de nada y ni estás involucrado en nada; es cómodo llegar a la congregación a la hora que gustes porque habrán personas que iniciarán el servicio sin ti; es cómodo llamar al pastor cuando lo necesitas, pero criticarlo si tiene un buen vehículo, tiene que estar presente en todo, mientras tú puedes venir si te da la gana; qué bueno criticar la hora de terminar el encuentro con los hermanos si llevan tiempo esperando por ti.

En verdad, se están acomodando con el nombre de oveja, pero para reivindicarse afirman ser leones del León de la tribu de Judá. No falta decir que estamos siendo hipócritas con nosotros mismos, queremos cambios, pero no a las normas ni a las costumbres. Y como veo que la plaga está tomando otra magnitud, pienso que es el tiempo de gemir por **la mente de Cristo** y volver a congregarnos de verdad, no como a aquellos sentados en las sillas o al frente de una pantalla por la red, para decirse que se edificaron. Claro, escuchar la palabra te edificará, pero no es congregarse si no hay comunión.

¡Pobre pastor o líder! Él tiene que aguantar la indiferencia, está gimiendo ante Dios por los hermanos, mientras los mismos le están clavando cuchillos en la espalda: ¡Homicidas y asesinos!

Si le gusta la función pastoral, no cele a su ministerio, tú lo puedes ser con libertad ante el Rey de reyes. Ahora mismo eres un pastor porque también tienes almas que vigilar y pastorear; eres un maestro porque tienes que enseñar la palabra a otros; eres un evangelista porque tienes que evangelizar a las almas presas de Satanás; eres un profeta porque debes hablar de la palabra de Dios; eres un apóstol porque tarde o temprano tendrás que levantar obras para su Rey y hacer maravillas en su nombre. Si me equivoco en esto, en el nombre de su Rey, llámame el traidor y el falso profeta del reino de Dios. Pero si estoy en la verdad y hablo de la verdad y no quieres dejarte cambiar por esa verdad, en el nombre de mi rey Jesús, eres un fariseo. Estoy sujeto a ustedes mis hermanos como está escrito, "uno al otro", pero el Mensaje del Rey no se sujetará a nadie.

Hay una sola Iglesia

Las congregaciones se multiplican en grandes cantidades. En ciertos barrios, es posible cruzar cinco, una frente a la otra. En una ciudad, podría haber miles. No sabemos realmente por qué en un solo barrio hay tantas. Le aconsejamos que tenga cuidado con la lengua, porque nadie puede entender las obras complejas y los planes secretos del Espíritu Santo. Las iglesias son centros que reciben las almas, que se ocupan de los heridos. Se trata de la formación de médicos en grandes cantidades para administrar otro centro para que cada alma y herido pueda recibir la atención necesaria de los embajadores especializados. Si me explico bien, los líderes deben entender que los que están en formación, tienen el destino para nuevos horizontes. Así que prepárense por si el hermano se va de la congregación para ministrar en una nueva. La Biblia no dice que debemos limitar las asambleas, pero la Escritura deja entender que las congregaciones conocían la existencia de las otras **(1 Tesalonicenses 1: 7-8, 2, 14, Colosenses 4:13-15)**, conocían sus testimonios, sus persecuciones, sus necesidades.

Yo en ellos, y tú en mí, **___para que sean perfectos en___** **___unidad,___** ___para que el mundo conozca que tú me enviaste___*, y que los has amado a ellos como también a mí me has amado.*

Juan 17:23

Si no estamos unidos, traicionamos la voluntad de Cristo. Hoy hay que vocearlo para que nos demos cuenta que muchos de nosotros han traicionado el Reino de Dios y que necesitamos arrepentirnos para reconciliarnos con la visión de Cristo nuestro Rey.

Capítulo 8
Relación divina con la Agencia
en el terreno adverso

Dios no es tu Trapo

Dice en el manual del Reino que todo el oro y la plata, todo lo que está en la tierra le pertenecen a Dios (**Salmos 24:1**), y si son de Él, son también de la familia de Dios. Pero nos encontramos con muchas necesidades que nos cuesta creer que es cierto lo que está escrito. Las necesidades son tan fuertes, que muchos afirman que son maldiciones, y los peores ignorantes hablan de maldiciones generacionales en el seno de la Agencia divina, y como locos, estamos constantemente reprendiendo demonios en nuestras vidas.

Son pensamientos arrastrados de la brujería, formas del sistema satánico para mantener personas en sufrimiento, en inseguridad, en dependencia de culto de liberaciones, es como plagiar el satanismo en el sistema del reino, y no hay lógica en absoluto conforme a lo que está escrito en el manual de la Agencia divina. En lugar de ocuparnos de los asuntos del reino, nuestro enfoque está en reprender demonios en nuestras vidas para que las bendiciones nos lleguen, y la mayoría de nosotros parecemos brujos y espiritistas. Es decir, que las necesidades, con todo nuestro sufrimiento, son evidencia de la ausencia de la bendición de Dios en nuestras vidas. Y como queremos una vida mejor, la mente de multitudes está atrapada en búsqueda de bendiciones y pierden el enfoque de la verdadera política del Rey.

Ahora hay una plaga de profetas, que en realidad no lo son, que atormentan a los embajadores del Reino, susurrando cosas en la mayoría que no se cumplen para nada, por revelación y conocimiento: se ha desatado un espíritu engañador; se profetizan cosas que no se cumplen y el que lo profetizó, incluyendo a aquel que recibió la profecía, fueron engañados por el mismo Diablo para que multitudes sigan anhelando la adivinación en su otra versión satánica en el seno de la Agencia Divina.

Así encontramos un grupo de embajadores sin rumbo, buscando cultos donde hay profetas que les revelen su futuro; el Diablo, que está al corriente, no perderá esa bella oportunidad, y por cierto decepcionan a aquellos que recibieron las falsas esperanzas y pronto abandonan la Agencia hasta renunciar de ser parte de la familia de Dios porque perdieron el enfoque y la mente de Cristo. Y, por supuesto, el Espíritu Santo tiene el poder para dar profecía en un momento determinado a alguien como lo hizo con el apóstol Pablo **(Hechos 21:10)**, y lo puede hacer hoy, pero se han autoproclamado profetas y deciden profetizar por su propia cuenta para que sepan que son profetas. ¿A quién no le gustaría saber el futuro?

Hay que detener el engaño y educar a los hijos de

Dios.

Al dar un vistazo a la historia, vemos que todos los hombres usados por la causa del gobierno divino seguían cierto perfil. Todos tenían necesidades y sufrimientos sin excepción alguna. Por ejemplo, vimos a Pablo viajando de lugar en lugar sin mencionar sus dolores, el afirmó que tenía muchas necesidades y conocía mucha hambre, ¿fue Pablo bendecido por el gobierno divino? Nadie se atrevería a decir que no.

Pero ahora, en cambio, creemos que aquel que tiene la cara bonita, bien vestido y perfumado con una linda casa, sin mencionar su vehículo, es hombre bendecido, mientras que aquel que anda a pie, que no tiene ninguna pertenencia de gran valor no es bendecido; se suben fotos en las redes sociales con prendas, lugares lujosos para que los hermanos sepan que están bendecidos. ¡Dios mío! ¡Qué gran daño mental nos han hecho!

Quiero recordar que Dios no va a bendecir a sus hijos; por ser hijo de Dios estás bendecido eternamente y hasta tienes poder para bendecir a otros; **lo que es declarado bendito por la boca de Jehová no puede ser maldecido (Números 22:12)**, es decir el hambre y las necesidades no son ausencia de la bendición de Dios. Si un embajador tiene algunas necesidades, él debe comunicarse son su gobierno celestial y no a los brujos y adivinos cristianos.

Lo que deben saber los embajadores del reino

Llegamos a la parte que no agradará a muchos. El gobierno divino es el único sustento de cada embajador en este terreno extranjero. Quiero recordar ciertas cosas de la política del reino:

El gobierno divino es el único que decide los medios y condiciones de vida de cada embajador. Los recursos están concedidos a cada embajador conforme a su llamado y su propósito. Sin embargo, esto nunca cancelará el castigo que Dios dio al hombre, a saber: trabajar con el sudor de su frente para ganarse el pan.

No todos los embajadores fueron enviados para ser ricos, para casarse y tener hijos y bienes en la tierra. Así que no se afane tanto si su tiempo parece vencido.

La Agencia divina es un *organismo espiritual,* por eso su primera tarea es ofrecer una *protección espiritual* al embajador en el terreno espiritual (**Efesios 6:12**). Esta parte debe estar clara para todos, la Agencia está constantemente en guerra y de esta situación hay pérdidas y daños colaterales, así que no te sientes en tu sofá mirando tu programa favorito o ir al culto mientras abandonas a tus pequeños en la calle con los demonios. No culpes a Dios si algo les sucede, porque cada quien debe firmar personalmente su pacto con el Reino. Job se equivocó, estaba orando mientras sus hijos estaban festejando en lugar de acompañar a su padre en oración. Cada embajador puede caer en mano de un asesino, puede ser atracado y violado. Así andan con cuidado porque esa protección es opcional.

El gobierno divino conoce cada detalle de la vida de cada embajador de su reino. Lo que un embajador cree que es un beneficio para su comodidad no es siempre ventaja para la causa del Reino. Eso no tiene lógica si los embajadores de los Estados Unidos en territorio de Haití derraman lágrimas y culpan al gobierno de Haití de sus necesidades.

El gobierno divino usa necesidades, hambre, humillación, cárcel, riquezas y hasta la muerte de los embajadores para alcanzar sus objetivos en el terreno. Así que debemos consultar constantemente al gobierno por si se trata de un descuido nuestro o si fue obra de su gobierno y espere la respuesta. Y no se sienta mal si el gobierno divino no responde a sus caprichos, además su manual tiene todo lo que necesitarás para saber de tu situación. No importa si tienes o no, eres del Gobierno de Dios, eres un millonario eternamente en la otra vida.

El mensaje del gobierno divino a los pecadores no justificados tiene *más importancia que el bienestar hasta la vida de los embajadores*. Eso quiere decir que, si hay que ponerte en la cárcel injustamente para que el mensaje llegue a los presos, y si hay que torturarte y cortarte la cabeza para alcanzar un objetivo, el Gobierno no se detendrá por eso. El Gobierno demostró esto cuando quebrando la vida del mismo Rey hasta la muerte en la cruz para alcanzarte a ti; entonces la vida tuya y la mía en esta tierra no es nada frente a la causa.

Los bienes, como talentos y dones, son propiedad del Reino, el embajador es administrador de esos bienes concedidos y en beneficio del Reino. Con esos comerás y vivirás por medio de la fe.

Cuando acontecen tormentas en la vida de un embajador del Reino, el gobierno divino no tiene la obligación de responder ante nadie, ni tampoco dar detalles del porqué. Al llenar el formulario espiritual del gobierno divino, había una parte del pacto que confirmó que el embajador llevará la vida de Cristo su rey y su vida está ligada a la causa. El gobierno divino fue muy claro cuando dijo que habrá tribulaciones y toda clase de calamidad en el terreno y todas esas cosas son a beneficio del Reino y del embajador. Así que no podemos quejarnos y esperar residencias lujosas, con baños de mármol. Debemos trabajar, pero sin afanarnos de nada y contentarnos con lo que tenemos.

El Gobierno divino, no tiene nada en contra de la multiplicación de las células (iglesias locales) de la Agencia divina, pero el tema de la unidad y del amor no es negociable entre las células de la Agencia divina. Cualquier persona o células (asamblea) que no quieran armonizarse, cometen un delito grave y son indignos del cuerpo de Cristo. La falta de amor es tan grave que el mismo Gobierno tomó la medida de dejar enfermar a muchos en el cuerpo y hasta entregarlos a la muerte (**1Corintios 11:30**). Analiza si llevas décadas enfermo en tu ministerio y no has podido encontrar sanidad, y disimuladamente no te llevas bien con un hermano, y perdóname, morirás pronto, según lo dice la Escritura.

No se confundan con el fruto del Espíritu Santo y de los frutos de cada embajador. El fruto del Espíritu Santo es manifestado en la labor del embajador, pero los frutos del embajador son las almas ganadas para el Reino, la obra de justicia. No importa lo hermoso que eres ni que tantos cantes, lo que esperó el Rey de ti es testificar su nombre a las almas pérdidas. Cristo inició su obra con 12 frutos (discípulos), y ellos llevaron también sus frutos, ahora tienes que hacer lo mismo, porque el Rey dijo en el manual, que cortarán a los embajadores que no son capaces de llevar frutos. Si realmente estás unido al Señor, es imposible que no lleves frutos. Entonces revísate si tienes muchos años en el camino y si nunca has manifestado frutos de justicia.

El Trono santo ha declarado que somos más que vencedores, una declaración jurídica sin precedente. Sin embargo, el Trono santo permitirá a la Bestia (**Apocalipsis 13:7 y 10**) vencer a cualquiera y pondrá en la mano derecha o en la frente de todos, sin excepción, su marca (**v.16**). Así que no pierden el tiempo en ayuno y oración en su contra para derribarla, porque Dios no escuchará esas oraciones. Además, estar en desventaja frente a una situación, nunca convertirá al creyente en un perdedor, sin importar la desventaja del embajador; a nivel personal, seguirá siendo más vencedor para el Reino de Dios.

Habrá que aclarar a los embajadores del Reino, que

llevar la marca inevitable de la Bestia no es lo que llevará a la gente a la perdición; bíblicamente la marca de la Bestia será una imposición demostrativa de fuerza, mientras que la adoración dada es un acto de voluntad de la gente y por esa adoración será condenada. Por eso, la Bestia matará a aquellos que no quieran adorarla (**v.15**). En **Apocalipsis 19:20** el Trono santo aclara precisamente el destino de aquellos que llevaban la marca y que habían adorado su imagen.

Capítulo 9
Comunicado del rey por su vestidura

La forma en que se presentó Jesús al apóstol Juan, tiene un mensaje, incluyendo reprimendas a las siete iglesias. Debemos prestar atención a los mensajes enviados a los ángeles de las siete iglesias. En los mensajes enviados, nos encontramos con los atributos, cualidades que nos demanda el Señor; se revelan con claridad en la descripción de su vestidura. Si juntamos las siete iglesias con todos los atributos y cualidades revelados por el Señor, tendremos una Iglesia perfectamente operativa y de gran alcance. Por medio de la vestidura, Cristo proyectó un reflejo de su mente a la Iglesia.

Las siete iglesias

Iglesia de Éfeso: Jesús se identificó como el gerente y dueño de los siete ángeles. Él culpa a esa congregación por abandonar su primer amor y él le recomendó a practicar de nuevo las obras de la fe. Su vestido blanco es el símbolo de la pureza, como hemos dicho antes, esa iglesia debe estar pura y sus obras deben ser perfectas delante de Dios, es la fe que permite ser agradable a Dios, sin la fe la obra está muerta. Como dijo un pasaje de La Escritura, que el que no trabaje, no coma. Y la recompensa de los que hacen buenas obras, comerá del árbol de la vida que está en los cielos.

Aplicando esto a la iglesia de hoy, si no hay amor, Cristo le quitará su candelabro.

¿Qué es el primer amor para nosotros hoy? El primer amor es el amor que demostró Cristo hasta sacrificarse por nosotros. Debemos sentir este amor los unos por los otros. No te vas a autodestruir por el hermano, pero la forma de defender su alma para su bienestar, el grado de compromiso que llevas para rescatar lo perdido, es sinónimo del amor de Cristo.

Iglesia Esmirna: El Señor Jesús se proclamó como el primero y el último, el hombre que ha resucitado de entre los muertos por voluntad propia. Esa iglesia tenía una cualidad particular, ella pudo discernir los falsos maestros, aunque estaba en situación económicamente difícil, posiblemente debido a la persecución y a las tribulaciones, no eran favorables a la condición de la existencia de los creyentes, pero era rica en el conocimiento de la palabra. Por lo tanto, estaba sujeta a sufrir a causa de su posición, en medio de una sociedad considerada como la sinagoga de Satanás, pero recordando que Cristo ha vencido a la muerte. La sinagoga de Satanás es un lugar donde enseñan el ocultismo, la magia, el satanismo, el motivo de los debates y encuentros, son en contra de Dios, eso quiere decir que los creyentes de esa iglesia estaban destinados a morir en manos de los enemigos de Cristo. Como era rica espiritualmente, la referencia a los cabellos blancos como la lana, nos recuerda que el anciano de pelo blanco es sinónimo de conocimiento y experiencia. Cristo nos recuerda que la riqueza espiritual es necesaria para soportar la tribulación, porque las canas son una corona para los ancianos, y aquellos que se resisten a las tribulaciones recibirán la corona de la vida.

Por medio de este mensaje a esa iglesia, podemos entender que la iglesia está puesta en medio de la sinagoga de Satanás, podemos ver esa realidad donde se nos está presentado la magia para ser apreciada en las películas, programas de TV, en las escuelas; nos enseñan su belleza, quieren matar espiritualmente a las generaciones futuras, pero con el conocimiento de Cristo, podemos liberarnos de esa muerte.

Iglesia en Pérgamo: Aquí Jesús se identificó como alguien que tiene la espada aguda de doble filo. Jesús nos quiso demostrar que hubo un mal uso o una mala comprensión de su palabra, y su espada es para corregir algunos de ellos. La doctrina de Balaam y los Nicolaítas nos revela todo lo que sucedía en esa asamblea, y lo peor es la posición de esa iglesia, fue incluso en el corazón del enemigo, que era el lugar donde moraba el trono de Satanás. Al referirse al trono de Satanás, nos dice claramente que Pérgamo era el centro de la mentira y del homicidio espiritual.

No falta decir que la Agencia divina trabaja en un terreno que es el corazón de Satanás, el mundo es su reino. Debemos cuidarnos de las falsas doctrinas, las mentiras de los religiosos, normas de hombres que son contrarias a la voluntad de Cristo, el Rey. Una mentira es también una palabra; o una norma que se usa para ordenar algo en la iglesia, pero choca con lo que enseñó Cristo; y, al final, matar la fe, el crecimiento, torcer la mente, oscurecer el entendimiento de la verdad, es parte del trabajo de la sinagoga de Satanás. Creo que la Iglesia debe revisar muchas normas y reglas de hombres que se usan para disciplinar en las congregaciones, pero que tuercen la mente de los creyentes. ¡Atención, líderes: hablen la verdad siempre y no inventen cosas para infligir temor! El creyente con una mente torcida, mañana predicará cosas torcidas, y a ese estado llegamos hoy; y nos costará reparar los daños, porque el pueblo se ha enraizado profundamente en muchas mentiras. Vamos a dejar que la espada de Cristo corte las tradiciones.

Egipto se consideraba como el mundo satánico, después de la salida de este país, los israelitas comieron el maná en el antiguo tabernáculo, así el maná escondido es el alimento del creyente en la nueva Jerusalén, cuando salga de este mundo. De acuerdo con *Jean AugustBost (diccionario bíblico electrónico)*, la piedra blanca nos recuerda, según la tradición antigua, que un acusado era inocente si le caía la piedra blanca, pero, si era culpable, recibía una piedra negra.

Iglesia Tiatira: El Señor decía a esa iglesia que Él tiene los ojos como llamas de fuego, es decir, que nada está oculto para él, que ve todo lo que sucede en medio de aquella iglesia en el pasado, presente y futuro, y lo que sucede en secreto. Las llamas consumen todo lo que es imperfecto y prueba todo. El Espíritu del Señor estaba viendo todo lo que hacía Jezabel, que seducía a los hermanos (Recuerde a Jezabel, la esposa de Acab). La seducción es una técnica del diablo para llevar al creyente a hacer algo que parece bueno, pero que es malo.

Como he observado y escuchado, dice un predicador: ¡vengan y deposite su dinero de sanidad aquí! ¡Vengan hacer pacto con Dios, deposita tu dinero para multiplicar tus finanzas! Entonces, todos aquellos que quieren salir de la crisis sin saber si fue Dios que envió la prueba, tiran su dinero sin pensar. Pero nada cambió.

Recibirás sanidad, no por una ofrenda que llevarás a un altar de la iglesia, sino porque la sangre de Cristo se derramó por ti; tus finanzas cambiarán si estás conforme al propósito de Dios y porque Cristo se hizo pobre para enriquecerte y si también trabajas para lograrlo; te salvarás no por una oración del sacerdote en el purgatorio, o por las limosnas, sino únicamente porque has recibido a Jesús como Señor y salvador, y porque fuiste declarado hijo de Dios por el nuevo nacimiento en Cristo Jesús.

El uso de bronce bruñido nos lleva a la conclusión de que esa iglesia necesitaba experimentar todos los procesos, el sufrimiento es una figura del horno. El bronce bruñido es un metal que sale de su horno, es decir, experimentó todos los procesos requeridos. Lo que le da la autoridad, es la libertad, la reputación, la experiencia y el conocimiento, hay que subir para llegar a las alturas. Si el creyente llega a ser como el bronce bruñido, tendrá autoridad sobre las naciones, será una estrella, el símbolo de la victoria.

Iglesia de Sardis: El Señor reafirmó que tiene los siete espíritus de Dios, que son la imagen del Espíritu Santo, que gobierna los siete mensajeros. Esa asamblea estaba muerta y necesitaba el aliento de vida del Espíritu Santo. Sus obras eran imperfectas, lo que nos recuerda al rey Saúl, quien practicaba la justicia de Dios a la mitad. El Señor le estaba alertando de ser cuidadoso en la forma de actuar. Si se arrepintiera, ella será vestida de blanco, es decir, sus obras se purificarán, como el oro puro. Es la imagen que el Señor quería mostrarnos en el cinturón de oro en su pecho.

Iglesia Filadelfia: Él dice que él es el santo, el Verdadero, el que tiene la llave de David. A esta iglesia le faltaba carácter y autoridad para hacer frente a sus opositores, el Señor hará que se postren sus oponentes a sus pies. La descripción de su voz como estruendo de muchas aguas, es la revelación de la máxima autoridad, voz de multitudes. Hemos dicho anteriormente, cuando el rey abre la boca, es la voz más poderosa del reino, se hace y se deshace. Por lo tanto, él hará del vencedor una columna en el templo de Dios con el nombre de Dios, el nuevo nombre del Cordero y el nombre de la ciudad, esto significa que se convirtió en una autoridad, un nuevo rey o un sacerdote en la Nueva Jerusalén. Debemos recordar que las columnas de un edificio son la segunda parte más importante, después de los cimientos.

Iglesia Laodicea: El Señor dijo que es el Amén, el principio de la creación, el testigo fiel y Verdadero. La interpretación es un poco difícil: *Amén* es la palabra clave del cristiano, señalando que lo que se ha dicho es absolutamente cierto y aceptable. La iglesia necesitaba un cambio mental, se había equivocado de su propia posesión, de su apariencia y su comodidad. Su vergüenza espiritual exigió un nuevo comienzo en el Señor. El Señor aconsejó a la congregación de procurarse de las cosas reales. Nosotros asociamos todo esto con su rostro resplandeciente como el sol, pensando como Moisés recibió las tablas de los Diez Mandamientos de Dios, después de 40 días, y su rostro resplandecía, porque él recibió algo valioso de Dios.

Y también, no es un consuelo temporal, pero las cosas verdaderas y duraderas del Señor que produzcan la luz verdadera en sus vidas para cambiar su vergüenza espiritual. La Escritura dice:

Y si el ministerio de muerte grabado con letras en piedras, fue con gloria, tanto que los hijos de Israel no pudieron fijar la vista en el rostro de Moisés a causa de la gloria de su rostro, la cual había de perecer ¿Cómo no será más bien con gloria el ministerio del espíritu? Porque si el ministerio de condenación fue con gloria, mucho más abundará en gloria el ministerio de justificación.

2 Corintios 3:7-9

Capítulo 10
Mente de Cristo sobre la santa cena

Historia de la Santa Cena

La mayoría de las naciones que lucharon para lograr sus independencias, tienen una fecha donde celebran la memoria de aquellos guerreros que murieron en batalla para la libertad de la nación. En todos los casos, la libertad se consiguió a precio de sangre, pagaron con sus vidas para independizar la nación. De tal modo, cada vez se celebra este día de independencia, el pueblo hace fiesta en memoria de lo que sucedió para que no vuelva a ser jamás esclavo de otra nación. A más de esto, el mundo y cada nación, tienen algunas fechas donde el pueblo celebra la muerte de un personaje importante como recordatorio. Así que, celebrar en la memoria de alguien, es algo cultural de la especie humana.

Ciertamente, el viejo nombre de la Santa Cena viene de la Pascua **(Éxodo 12:1-14)** y esto es conocido de todos los embajadores del reino de Dios. Según el contexto de esa fiesta, Dios pidió la celebración antes de liberar al pueblo hebreo del yugo de la potencia egipcia. Es la ÚNICA celebración antes de la eminente victoria de toda la tierra. Como toda independencia lleva muerte, así Dios puso un cordero por cada familia, como héroe sacrificado, y como símbolo de aquel Héroe divino que fue Cristo. En la noche del día de la Pascua, el pueblo encerrado en su casa hizo un banquete, pero algo del banquete llevaba el verdadero significado: había pan sin levadura; cada vez que el pueblo hebreo celebra la Pascua, lo hace en memoria de su libertad.

La Memoria de la Pascua es de Cristo

Conforme a las profecías, el Cristo era el cordero de Dios destinado para morir por la libertad de aquellos esclavos del pecado y del mundo de las tinieblas. Así que, antes de morir, Cristo partió el pan que representa su cuerpo, y pasó también una copa como símbolo de su sangre en la cena. Cuando Cristo hizo eso en el día de la Pascua, hizo la transición de la vieja historia a una verdadera historia eterna (**Lucas 22:16-23**). Entonces el pueblo espiritual celebró su libertad del yugo de Satanás antes de ser liberado literalmente.

Significado profundo de la Santa Cena

Muchos creyentes no tienen bien claro todo el significado de la Santa Cena. En algunos países como Haití y la República Dominicana, si un creyente se enojó o tuvo algo que ver con un pecado antes de la Santa Cena o si no participó en las oraciones el día anterior de la Santa Cena, está descalificado para tomarla; si no está casado(a) y tiene hijo, está descalificado. Hay mucho tabú, y me pregunté: ¿de dónde la gente saca esto? Recientemente vi en las redes sociales un video donde una joven vomitó algo realmente raro como un sapo, el escenario fue horrible y los hombres del video afirmaron que eso sucedió porque ella tomó la Santa Cena indignamente. Ella estaba en el piso y la gente tenía una cara de satisfacción por lo sucedido, para que los demás jóvenes que están en fornicación, sientan gran temor. Así, cada vez que algo sucede a un creyente después de haber tomado la santa cena, muchos creyentes lo relacionan con un pecado y de allí nacen creencias, mala comprensión y mente desviada de su significado. Resulta que muchos temen participar en la Santa Cena, porque creen que son indignos y creen que algo les puede ocurrir.

Era muy fácil de identificar a aquellas jóvenes que tal vez cayeron en fornicación con sus novios. Los ancianos tenían esas miradas criticonas y de desprecio. El hecho de que no participaran en la Santa Cena, evidenciaba que estaban en pecado; y creo, personalmente, que muchos usan malas informaciones de la Santa Cena para impartir miedo de manera consciente o inconsciente y así controlar a muchos. Sin embargo, los líderes del más alto rango siempre participan con libertad, y eso me llevó a entender que muchos tienen la verdad que el pueblo no tiene.

Para no levantar sospecha de sus situaciones, cuando avisan que habrá Santa Cena, la gente se ponen en un estado de pureza absoluta; algunos participan y después la escupen en secreto para evitar un daño mortal, según la mentalidad eclesiástica. Y creo que es necesario alinearnos según la mente de Cristo sobre esto.

¿Qué es la Santa Cena?

La Santa Cena es una ceremonia ordenada por Cristo para conmemorar o divulgar su muerte y resurrección hasta que venga para su Iglesia.

...y habiendo dado gracias, lo partió, y dijo: Tomad, comed; esto es mi cuerpo que por vosotros es partido; haced esto en memoria de mí. Asimismo, tomó también la copa, después de haber cenado, diciendo: Esta copa es el nuevo pacto en mi sangre; haced esto todas las veces que la bebiereis, en memoria de mí. Así, pues, todas las veces que comiereis este pan, y bebiereis esta copa, la muerte del Señor anunciáis hasta que él venga.

1 Corintios 11:24-26

¿Por qué la Santa Cena?

Porque los embajadores como la humanidad deben saber y recordar que Cristo murió por amor a nosotros para salvarnos de la potencia tenebrosa de Satanás y resucitó para asegurarnos la vida sin muerte.

Porque los embajadores del reino de Dios compartirán el pan y beberán la copa para recordar que el amor de Cristo lo llevó a morir y que, **sin el amor por uno al otro, traicionamos la razón única de su sacrificio en la cruz y juicio comerá y beberá**. ¿Por qué juicio comerá y beberá? El cuerpo de Cristo fue destruido por el sufrimiento y dolor, y por su gran amor formó su cuerpo nuevo con el poder del amor; en otra palabra, el cuerpo de Cristo, en esencia, es Amor; cualquiera que coma el pan y beba de la copa no ha discernido el cuerpo y pecó contra el cuerpo, y el mismo cuerpo lo expone a juicio.

¿Para qué la Santa Cena?

Para que cada creyente e incluso toda la congregación recuerden la unidad (**1Corintios 10:17**). Se partió un solo pan y comieron un solo cuerpo y también bebieron la sangre del mismo cuerpo simbólicamente para que Cristo sea la única provisión y sustento del mismo cuerpo que es su Iglesia (**Juan 6:33**).

Cristo había dicho que, si no comen su cuerpo y no

beben su sangre, no podrán tener vida. Tal afirmación tiene su parentesco con una declaración donde se consideró como un grano de trigo que tiene que morir para dar vida a muchos (**Juan 12:24**) y esto concuerda también con la profecía de **Isaías 53:5** donde dice su cuerpo fue molido.

Para recordar dos eventos Escatológicos: La Santa Cena se celebrará hasta que Cristo venga, es un recordatorio de las Bodas del Cordero (**Apocalipsis 19:9**), el banquete de la Santa Cena es como un ensayo de las fiestas de las bodas del cordero. _ los primogénitos de los egipcios murieron durante la noche de la pascua, así que todos aquellos que son hijos de Satanás: los mentirosos, los homosexuales, los ladrones, los homicidas, los enemigos de la justicia de Dios etc., serán llevados por la Muerte segunda.

¿Cuándo es la Santa Cena?

No hay un orden preciso que determine el periodo de celebración de la Santa Cena, bíblicamente. Registramos en algunos pasajes que se hacía el primer día de la semana. Sin embargo, el Señor especificó que: *"haced esto todas las veces que la bebiereis, en memoria de mí"*, es decir que la Iglesia elija cuando quiera comer y beber en la memoria de Cristo.

¿Cómo es la Santa Cena?

La cena es santa por el hecho de que, en medio del banquete, tomaron un momento para partir el pan y beber el fruto de la vid **con gran reverencia en memoria de Cristo**. En el momento de partir el pan y de beber el fruto de la vid, recomienda Pablo al creyente de examinarse antes, en el contexto; con qué mente la está tomando. Cuando el apóstol Pablo recomendó esto, fue porque se ha notado un abuso durante las cenas como se indica en **1 Corintios 11:17-22**.

Recomiendo a todos los creyentes que lean el capítulo completo para que vean el contexto: algunos creyentes venían a las cenas no con la intención de conmemorar a Cristo, sino que algunos tenían hambre y otros se embriagaban. Había divisiones, otros que aprovechaban para avergonzar a aquellos que no tenían que comer, -imagínate tú-, algunos hermanos que se apresuraban a llenar sus platos y vaciaban la mesa sin dejar para los demás. Otros que bebían y caían borrachos y empezaban a bromear y haciendo cosas, mientras estaban congregando con el propósito de meditar sobre el sacrificio de Cristo.

Con este escenario, no pudo haber una actitud de reverencia a su memoria, no pudo haber discernimiento de la circunstancia, y con qué clase de gente (iglesia o cuerpo) estaba reunido; se parecía a una cena común y pagana y eso trae juicio.

¿Quién Puede Participar en la Santa Cena?

Bíblicamente, cualquier creyente o embajador tiene el deber y la obligación de conmemorar a Cristo, comiendo el pan y bebiendo el vino con gran reverencia para anunciar la muerte y la resurrección de su Señor y salvador Jesús hasta que venga. No se ha visto en ningún texto bíblico exclusión de edad, casado o soltero; jamás se ha visto rechazo a la mujer embarazada, aun casada o sin haberse casado o a hombre inestable; o impedimento a personas que discutieron antes de la cena o si no está bautizado, entre otros; Es que cada quien debe revisarse a asimismo a la hora de participar; algunos Líderes se han tomado libertades para impedir de manera arrogante a algunos creyentes EL DERECHO DE PROCLAMAR LA MUERTE DEL SEÑOR HASTA QUE VENGA; Gente que no puede participar hasta por un año como castigo, entre otros.

Hoy es tiempo de parar con los abusos y normas fuera del propósito y contexto de la Santa Cena.

Daños Causados por la Santa Cena

Si la Santa Cena puede provocar daños críticos, entendemos que el asunto tiene poder espiritual y consecuencias físicas. De tal manera, es recomendable tomarla con gran prudencia. Es solamente Dios quien tiene potestad para juzgar a la persona y solamente Él sabe con qué mente la está tomando, y conforme al estado de su mente, se determinará si caerá en juicio por el mismo Dios y no por la gente.

De manera que cualquiera que comiere este pan o bebiere esta copa del Señor indignamente, **será culpado del cuerpo** *y de la sangre del Señor.*

1 Corintios 11:27

Dice aquí claramente en el contexto original griego: cuando la persona la toma sin darle su gran importancia o su gran valor, será SUSCEPTIBLE a caer en una CONDICIÓN o PENA (concordancia Strong G1777). Con lo espiritual no se relaja. Si en el momento de participar, la persona la está tomando vagamente es posible que su condición espiritual o también física sea afectada severamente: **1Corintios 11:29** *Porque el que come y bebe indignamente, sin discernir el cuerpo del Señor,* **juicio** *come y bebe para sí.* Es decir, está sentenciándose o condenándose a sí mismo (Strong G2917).

Los tres Niveles de Daños Causados por la Santa Cena

Por lo cual hay muchos **enfermos** *y* **debilitados** *entre vosotros, y muchos* **duermen**.

1Corintios 11:30

Enfermedad: Conforme al griego "asdsenes" (Strong G772), este estado traducido en el texto bíblico no es aún el estado de la enfermedad, es el inicio del proceso donde el *irreverente* se DEBILITA o pierde FUERZA y puede ser en lo espiritual y moralmente y tal vez físicamente. La traducción dice que la persona vuelve a ser frágil; Entendemos que cualquier cosa la puede sacar de la comunión; cualquier partícula negativa en lo natural podría afectar su salud emocional. Así que, en medio de la congregación, encontramos unos creyentes que son como porcelana; se ofenden por cualquier cosa; no son capaces de ayunar; están siempre en ayuda espiritual porque se sienten siempre sin fuerza.

Debilitad: La palabra "arrostos" (strong 732) es realmente la palabra que expresa el estado de la ENFERMEDAD. Según el contexto, este estado es un derivado del estado anterior. Cuando el creyente lleva mucho tiempo sin fuerza, tarde o temprano estará enfermo; algo espiritual afectará su salud y estará discapacitado para desempeñar sus funciones como representante del reino de Dios.

Dormir: el termino griego que se ha usado es "koimáo" para explicar la condición espiritual del creyente. El término está asociado a la muerte. Sin embargo, es algo figurativo. Algunos creen que es una muerte literal y yo creía esto, pero, a la luz de la palabra, esto describe un estado pasivo en el camino de la fe. Por eso se asocia a la muerte por la ausencia de actividad. Un muerto está paralizado y no da signo de vida. Así es para muchos; llevan tiempo y se nota por más que les llaman, que les exhortan, que les oran: parecen muertos y nunca salen de este estado. A veces, ellos anhelan volver a estar activos, volver a tener el mismo fuego y la misma pasión para Dios, sin embargo, no tienen fuerzas, se sienten estancados y fríos, sienten que sus oraciones no van a ninguna parte, sienten que están de mal en peor.

Ciertamente, la Santa Cena es:

Un recordatorio de la muerte y de la resurrección de Jesús y también la garantía de nuestra resurrección para la vida eterna.

Anuncia el regreso de Cristo y la promesa de la gloria eterna.

El amor y la unidad entre los hijos del reino de Dios.

Que Cristo es el pan de todos y la vida para su pueblo.

Una conmemoración con el mayor valor y reverencia a la hora de celebrarla.

Un deber y una obligación instaurada por Jesús el Rey de reyes para todos aquellos que creen en su nombre. Amén, ven, Señor Jesús.

Conclusión

El reino de Dios quiere influenciar al hombre caído para que la voluntad de Dios se haga en la esfera terrenal como en los cielos. Dios pone la Mente de Cristo en sus Embajadores y luego los envía al mundo.

Esa mente debe ser renovada constantemente por el Espíritu Santo para que seamos actualizados no con el siglo presente sino con el tiempo de Dios.

Para lograr esta visión, el Rey fundó una Agencia. Esta Agencia está formada por el conjunto de los embajadores, que son hijos legítimos del Dios Padre. Cada Embajador tiene la tarea de reclutar nuevos miembros para la familia divina en el campo enemigo.

El tener la mente de Cristo nos abre la capacidad de acceder a 7 beneficios y conocer 21 principios que nos muestran la importancia, las exigencias y la responsabilidad que adquirimos al poseer su mente.

Los embajadores no son enviados fortuitamente. La Agencia Divina tiene una estructura y un modo de funcionamiento que nos revela la visión del Rey; considerando este último su cuerpo, su Espíritu nos ha dotado de 5 dones ministeriales, como sentido para que su Agencia funcione en el campo enemigo de forma efectiva.

La Agencia Divina recientemente formada tuvo un gran crecimiento. A pesar del gran crecimiento, el Rey, por medio de una visión a Juan, en Patmos, se presentó con unas características específicas, tomando las 7 iglesias de Asia menor como ejemplo.

Su intención fue enseñarnos la manera correcta de vivir y mantenernos firmes hasta la forma de conmemorar su muerte y resurrección, con el propósito para el cual fuimos enviados: cumplir la voluntad de Dios con la mente de Cristo.

Colofón

Esta primera edición de
ENVIADOS CON LA MENTE DE CRISTO,
Volumen 1, de Jacques Cédestin
[jcedestin@yaoo.fr]
se terminó de imprimir
en los Estados Unidos de América
en julio de 2021.

OBSIDIANA PRESS
www.obsidianapress.net
oplibros@aol.com

www.ingramcontent.com/pod-product-compliance
Lightning Source LLC
Chambersburg PA
CBHW051802040426
42446CB00007B/483